Birgit Rupprecht-Stroell

Jetzt denke ich auch mal an mich

Die Autorin:

Birgit Rupprecht-Stroell ist freie Autorin mit den Themenschwerpunkten Karriere, Psychologie und Gesundheit. Als Freiberuflerin weiß sie, wie schwer es ist, zwischen all den privaten und beruflichen Ansprüchen noch Zeit für sich zu haben. Sie schreibt dieses Buch für Sie daher auch als direkt Betroffene.

Birgit Rupprecht-Stroell

Jetzt denke ich auch mal an mich

- Familie, Beruf, Freizeit:
  Wie Sie sich persönliche Freiräume schaffen und dabei noch nicht mal ein schlechtes Gewissen haben

TRIAS

Leserservice:

Wenn Sie Fragen oder Anregungen zu diesem Buch haben,
schreiben Sie uns:
TRIAS Verlag
Postfach 30 11 07
70451 Stuttgart
oder schicken Sie uns eine E-Mail:
trias.lektorat@thieme.de

Lektorat: Stefan Vieregg M. A.
Außenlektorat: Annerose Sieck M. A., Maria Brand

Umschlaggestaltung:
Cyclus D + P Loenicker, Stuttgart

Bildnachweis:
Umschlag (vorne und hinten): Bavaria

Die Deutsche Bibliothek – CIP-Einheitsaufnahme

Rupprecht-Stroell, Birgit:
Jetzt denk ich auch mal an mich : Familie, Beruf, Freizeit : wie Sie sich persönliche Freiräume schaffen und dabei noch nicht mal ein schlechtes Gewissen haben / Birgit Stroell-Rupprecht. – Stuttgart : TRIAS 1999

Dieses Buch wurde in der neuen deutschen Rechtschreibung verfasst.

Rüdigerstraße 14, 70469 Stuttgart
Printed in Germany
Satz: Fotosatz H. Buck, 84036 Kumhausen
Druck: Gutmann, Talheim

ISBN 3-89373-537-2 1 2 3 4 5 6

Inhalt

Einige Worte vorweg

Liebe Leserin!

Eigentlich war ich bislang der Meinung, wir brauchen keine so genannten Frauen-Bücher. Doch unser Leben ist auf der einen Seite so vielseitig geworden – Frau ist heute in allen Berufen aktiv, als Pilotin, als Ingenieurin, als Schreinerin – und auf der anderen Seite so kompliziert. Wir möchten am liebsten alles: Karriere, Kinder, Mann – unbegrenzte Freiheit und zugleich Sicherheit, Engagement und zugleich Ruhe, Erfüllung und zugleich Erfolg. Wir möchten allen Aufgaben gerecht werden, möchten Karriere machen und zugleich eine moderne Mutter sein, die ihre Kinder zu selbstständigen Menschen erzieht, dem Mann eine ebenbürtige Partnerin ist, und die auch noch Zeit hat, eigene Interessen auszuleben.

Keine einfache Aufgabe für eine Frau. Irgendwo müssen Abstriche gemacht werden – oft leider viel zu viele. Manchmal gerät man in einen Teufelskreis aus Überforderung, Schuldzuweisung, schlechtem Gewissen und tiefer Frustration. Die eigenen Wünsche bleiben auf der Strecke, es scheint nur noch Arbeit und Aufgaben zu geben, und vor lauter Müdigkeit können wir gar nicht mehr aktiv an unserem Leben mitwirken. Wir sind zu Arbeitstieren geworden, haben keine Energie mehr, unsere eigenen Bedürfnisse und Wünsche zu realisieren. Oft haben wir sie sogar regelrecht vergessen oder verdrängt.

Dieses Buch soll Sie dazu anregen, sich einmal auf sich selbst zu besinnen, um nicht nur das Leben wieder in den Griff zu bekommen, sondern vor allem auch, um sich selbst wieder gerecht zu werden. »Jetzt denke ich auch mal an mich« – wie oft habe ich diesen Satz schon gehört! Und wie wenige Frauen setzen diesen Wunsch dann auch in die Wirklichkeit um. Oft bleibt es bei einem sehnsuchtsvollen Seufzer, bei kurzen Tagträumereien und nur selten wird dieser gute und berechtigte Vorsatz wahr gemacht.

Ich möchte Ihnen Denkanstöße vermitteln, Ihnen helfen, durch viele Fragen Klarheit in Ihre Lebensvorstellungen zu bringen und Ihnen mit praktischen Tipps zeigen, dass Sie Ihr Leben ändern können, wenn Sie es wollen.

»Jetzt denke ich auch mal an mich« – das ist kein egoistischer Anspruch. Geht es Ihnen gut, sind Sie zufrieden, dann haben alle anderen auch etwas davon. Denken Sie mehr an sich und Sie haben mehr vom Leben.

Ich wünsche Ihnen viel Freude bei der Lektüre dieses Buches und hoffe, dass Sie fündig werden, dass Sie Anregungen erhalten, wie Sie Ihre Wünsche noch besser und schneller in die Tat umsetzen können.

Ihre
Birgit Rupprecht-Stroell

Die Situation: Frust statt Lust

Der alltägliche Wahnsinn

Ob Sie Kinder haben oder nicht, Vollzeit arbeiten oder nur Teilzeit, sich für Familie entschieden haben, mit oder ohne Partner leben – es gibt Zeiten, da fühlen Sie sich einfach völlig überfordert. Ungewöhnlich ist das nicht, denn Sie sind jederzeit für jeden da, rackern sich ab, lassen sich alles Mögliche aufbürden – vom Partner, den lieben Kleinen, vom Boss oder der Chefin. Und irgendwann sind Sie fest eingebunden in ein Geflecht von Aufgaben, Pflichten und Gefälligkeiten für andere. Freiräume zu schaffen, ohne dabei gleich vom schlechten Gewissen geplagt zu sein, das fällt den meisten von Ihnen schwer. Wie sollten Sie auch Ihrem Umfeld klarmachen, dass Sie plötzlich nicht mehr so pflegeleicht sind? Wie können Sie Ihr Leben verändern, ohne dass Kids und Partner zu kurz kommen?

Zuallererst benötigen Sie Klarheit darüber, wie Sie überhaupt in die problematische Situation gerutscht sind. Warum entspricht Ihr Leben nicht (mehr?) Ihren Vorstellungen? Was hat sich verändert? Wie tragen Sie mit Ihrer Einstellung und Ihrem Verhalten dazu bei, dass alles bei Ihnen »abgeladen« wird? Wie kam es eigentlich dazu?

Viele dieser Fragen regen Sie dazu an, sich intensiv mit sich selbst zu befassen, herauszufinden, warum Sie sich so und nicht anders verhalten, und was Sie anders machen können. Jede von uns hat zwar ihre ganz individuellen Probleme, aber sicherlich finden Sie sich in der einen oder anderen Situation wieder und können nur mit einstimmen in die Frage: »Warum eigentlich immer wieder ich?«

Die Praktische

»Nicht schon wieder«, denkt Ursula, als sie am Morgen Christian wecken will und merkt, dass das Kind zum dritten Mal in zwei Wochen Fieber hat. Was tun? Die Oma ist in Mallorca, der Mann hat eine wichtige Sitzung, die er keinesfalls versäumen kann, die Nachbarin, die sonst in Notfällen gern einspringt, ist seit der Trennung von ihrem Mann schon vormittags nicht mehr ganz nüchtern, die Schwägerin wohnt zu weit weg. Wenn Ursula jetzt schon wieder im Büro anruft und sich von der Arbeit abmeldet, dann ist auch sie abgemeldet – den Job wäre sie los. Und das kann sich die Familie nicht leisten, weil das Reihenhäuschen abbezahlt werden muss. Was tun?

Die Freiwillige

Von Evi hört man immer die gleichen Klagen: »Ich komme mir vor, als würde ich einen Vielfrontenkrieg führen. Obwohl unser Sohn Christoph das Haus verlassen hat, merke ich keine Entlastung. Mit Laurianne lernen, mich um ihren schulischen Werdegang kümmern, mein Diplom für die Reiseführertätigkeit vorbereiten, Nachforschungen über meinen verschollenen Vater anstellen. Jede Aktivität für sich ist eigentlich schon ein Full-Time-Job. Aber das ist noch nicht alles: Acht Stunden im Büro und das Haus in Ordnung halten.« Glücklicherweise hat Einkaufen und Kochen schon vor Jahren der Mann übernommen. Und obwohl Evi stöhnt, nimmt sie weitere Aufgaben an: Sie sagt nicht Nein, wenn man sie bittet, das Schulfest zu organisieren oder die empfindlichen Katzen der Nachbarin zu hüten. Und als wäre das noch nicht genug,

Und obwohl Evi stöhnt, nimmt sie weitere Aufgaben an. Sie sagt nicht Nein, wenn man sie um irgendetwas bittet.

schreibt sie sich auch noch zu einem Kurs in Kunstgeschichte in der 50 Kilometer entfernten Großstadt ein.

Die Selbstlose

Renate ist gerade damit beschäftigt, die Unterlagen für die Vorstandssitzung zusammenzustellen, als ihr Mann Werner auf dem Weg zum Flughafen vom Taxi aus anruft. Werner hat einen Teil der wichtigen Unterlagen zu Hause vergessen, sie müssen unbedingt sofort nachgeschickt werden. Renate steht aber selbst unter Zeitdruck, weil die zweite Sekretärin ihren Arm in apartem Gips hat und nicht voll einsatzfähig ist. Sie ruft bei ihrer Schwiegermutter an, die einen Hausschlüssel hat, aber leider keine Zeit, denn sie ist zum Kaffee eingeladen. Also versucht Renate von anderen Abteilungen Unterstützung zu erhalten. Aber jeder, den sie anruft, klagt über Stress und Unterbesetzung in der Abteilung. Was bleibt ihr schließlich anderes übrig, als ihre eigene Arbeit liegen zu lassen, nach Hause zu eilen, die Unterlagen für den Göttergatten auf den Weg zu schicken und dann wieder zurück ins Büro zu hetzen. Natürlich schafft sie die Arbeit nicht wie geplant und kommt deshalb auch nicht mehr zum Einkaufen. Der seit Wochen mit der Freundin vereinbarte Kochabend bei ihr zu Hause entfällt. Stattdessen lädt sie – aus schlechtem Gewissen, denn sie hat dieses Vorhaben bereits aus ähnlichen Gründen fünfmal verschoben – die Freundin zum Nobelitaliener ein. Dorthin düst Renate direkt vom Büro aus – abgehetzt und fix und fertig. Ein Genuss ist dieser teuere Abend nicht für sie.

Irgendwann ist es soweit: Sie haben keine Kraft und Lust mehr, sich um alles und jeden zu kümmern. Sie sind völlig ausgepowert ...

Die Tapfere

Janine hat alles ganz minutiös geplant: um 6 Uhr aufstehen, 30 Minuten für Morgentoilette, dann die Kinder wecken, Spülmaschine ausräumen, Frühstück machen, 7 Uhr gemeinsam frühstücken, 7.30 Uhr Martin zur Schule schicken, 7.35 Uhr das Haus verlassen, Andrea in den Kindergarten bringen. Weiter geht es in ihren Kosmetiksalon, den Janine zwar eigentlich erst um 9 Uhr öffnet, aber bereits um kurz nach 8 Uhr schminkt und pflegt sie berufstätige Stammkundinnen. Ihre Kundschaft weiß diesen Sonderservice sehr zu schätzen, was zur Folge hat, dass sie inzwischen fast jeden Morgen so früh mit der Arbeit beginnen muss. Ab 12 Uhr hat Janine eine Halbtagskraft eingestellt, damit sie sich selbst um ihre Kinder kümmern kann. Um 12.30 Uhr wird Andrea abgeholt, dann das Mittagessen gekocht. Wenn Martin von der Schule kommt, wird gemeinsam gegessen. Um 14 Uhr wird Andrea zur Tagesmutter gebracht; Martin ist wechselweise bei einem seiner Schulfreunde bzw. hat Nachhilfeunterricht oder ist im Fußballclub aktiv. In der Mittagszeit kauft Janine ein, dann geht's wieder in den Salon – bis 18 Uhr. Und dann? Kind abholen, gemeinsames Abendessen und Hausaufgaben von Martin durchsehen, Tagesschau gucken, um auf dem Laufenden zu bleiben. Wenn die Kinder im Bett sind, hat sie endlich etwas Ruhe, um die Abrechnung zu machen, Papiere in Ordnung zu bringen, Freunde anzurufen, Zeitung zu lesen – regelmäßig um 23 Uhr ist sie bettreif. Und der Haushalt wird am Wochenende erledigt. Sie hat keine Ahnung mehr, was im Theater gespielt wird, obwohl sie früher einmal den Ehrgeiz besaß, möglichst bei jeder Premiere dabei zu sein. Sie weiß nicht mehr, wer und was »in« oder »out« ist. Die heißen Diskussionen im Kreis von Insidern, die interessanten Gespräche und die gemütlichen Abende in der Kneipe scheinen zu einem anderen Leben zu gehören. Ab und zu stellt sie sich die Frage, wo sie eigentlich in diesem Leben bleibt. Sie trinkt gern ein Glas Wein, wenn die Kinder im Bett sind, zum Abschalten, wie sie sagt. Im Lauf der Zeit ist aus dem Gläschen ein Fläschchen geworden – fast unbemerkt.

Als allein erziehende berufstätige Mutter ist sie den ganzen Tag auf den Beinen. Die Kinder, der Salon, die Eltern, die auf sie warten: Janine ist völlig fertig.

Das geht so Tag für Tag – seit sie von ihrem Mann getrennt lebt und dadurch auch die Schwiegermutter »verloren« hat, die sich tagsüber um die Kinder kümmerte und den Einkauf erledigte. Obwohl Janine kaum eine Minute für sich selbst hat, überfällt ihre alte Schulfreundin sie fast täglich mit ihrer problematischen Liebesbeziehung. Ute, eine andere Freundin, hat ihr eine Vietnamesin geschickt, um die sie sich »etwas kümmern« soll, weil das junge Mädchen sich für Kosmetik interessiert. Die Einzige, die nicht gefragt wurde, ob ihr dieses Arrangement passt, war Janine. Dennoch brachte sie es nicht übers Herz, das Mädchen mit den lächelnden Augen abzuweisen. Hans und Edith, alte Freunde, quartierten einfach ihren Besuch aus Übersee bei Janine ein. Ja und dann gibt es natürlich noch ihre Eltern, die selbstverständlich erwarten, dass ihre einzige Tochter sich um sie kümmert. Das bedeutet, einmal in der Woche bei ihnen vorbeizufahren, tägliche Telefonate, Hilfe bei der Suche nach einer neuen, kleineren Wohnung. Der Vater ist wegen eines Bandscheibenleidens Frührentner, die Mutter hat Diabetes und leidet unter Depressionen. Praktisch helfen können sie der Tochter leider nicht, denn der Vater kann nichts heben und ist in den Bewegungen etwas eingeschränkt, die lebhaften Kinder können den Eltern auch nicht mehr zugemutet werden, hier Verantwortung zu übernehmen, das würde sie zu sehr belasten – so die Argumentation. Und schließlich sei Janine selbst schuld an ihrer Situation, musste sie doch diesen Hallodri heiraten! Trotz alledem hat sich Janine für eine Zusatzausbildung zur Fußreflexzonen-Therapeutin angemeldet, denn sie muss finanziell ihre Zukunft besser absichern und das geht nur, wenn man flexibel auf den Markt reagieren kann.

Janine erleidet einen Zusammenbruch. Und sie wundert sich, denn plötzlich läuft alles ohne sie weiter, im Salon und auch mit den Kindern.

Janine kommt nicht mehr dazu, die Ausbildung zu beginnen. Eine Woche vor Kursbeginn bricht sie zusammen. Diagnose: körperliche und seelische Überlastung.

Und plötzlich geschieht ein Wunder: Janine »funktioniert« nicht mehr – und dennoch geht es weiter. Die bisher nicht belastbaren Eltern übernehmen die Kinder – eine Bereicherung für alle. Die Kinder genießen es, dass Oma und Opa plötzlich so viel Zeit für sie haben. Und Oma und Opa stellen fest, dass sie nicht zum alten Eisen gehören, sondern noch leistungsfähig sind. Die Halbtagskollegin kann kurzfristig den Kosmetiksalon ganztags führen, die kleine Vietnamesin unterstützt sie dabei. Eine Profikosmetikerin wird auf Stundenbasis engagiert, die auch noch sehr flexibel einsetzbar ist. Die Freundin findet ein anderes »Opfer« für ihre Probleme, die Freunde bieten Hilfe an. Während Janine körperlich und seelisch in einem Sanatorium aufgepäppelt wird, läuft zu Hause das Leben weiter – nicht perfekt, aber ganz passabel.

Die Strahlende

Jill ist eine Superfrau, klug, intelligent, ehrgeizig, attraktiv und beliebt. Sie verkörpert das Bild der Powerfrau: immer gut drauf, positive Ausstrahlung, kompetent und charmant zugleich. Das kommt an – beruflich und privat. Sie scheint überall beliebt zu sein. Doch gerade das ist ihr Verhängnis. Ob es der Chef ist, der sie um einen kleinen Gefallen bittet, nämlich ausnahmsweise für ihn zur Verhandlung zu gehen, obwohl sie selbst unter Termindruck mit ihrer Analyse steht, oder die Freundin, die einen »irren Typen« kennen gelernt hat und unbedingt das Wochenende mit ihm verbringen muss und jemanden braucht, der nach der Wohnung sieht. Wer will schon das Lebensglück der besten Freundin aufs Spiel setzen? Oder der Exmann, der immer dann vorbeischaut, wenn er Probleme mit einer seiner ständig wechselnden Freundinnen bekommt. Oder die alte Dame im Haus, die sie immer wieder bittet, doch ein paar Kleinigkeiten vom Supermarkt mitzubringen, da Jill doch als Single mehr Zeit hätte als die verheiratete Nachbarin, die müsse schließlich ihren Mann versorgen. Dass Jill gar nicht im Supermarkt einkauft, interessiert die alte Dame nicht. Keiner sieht Jill, die Strahlende, wenn sie

Jill ist bei allen Leuten beliebt. Sie hat viele Freunde. Doch wie es ihr geht, scheint niemanden zu interessieren. Alle kommen mit ihren Problemen zu ihr.

völlig erschöpft in ihr Bett kriecht, sich an ihre eigenen Pläne und Vorstellungen erinnert, die wieder einmal auf der Strecke geblieben sind, und sich verzweifelt fragt: »Warum kommen sie alle immer zu mir?«

Ganze Heerscharen von Müttern lassen sich Tag für Tag von ihren Kids ausnutzen, bringen sich fast um, damit die Kleinen sich nicht anstrengen müssen.

Niemandem zeigt sie ihre Enttäuschung und ihren Frust, wenn sie die Woche auf der Schönheitsfarm absagt, weil die Agentur die Präsentation verschoben hat und auf ihren Terminwunsch keine Rücksicht nehmen kann. Und keiner weiß von ihren Vorsätzen, endlich auch einmal an sich selbst zu denken. Von heute an wird alles anders, murmelt sie jedes Mal in solchen Situationen, bevor sie erschöpft und deprimiert in den Schlaf sinkt.

Kleine, süße Monster

Solange er klein war, fiel es Sabine gar nicht auf. Schließlich war Klein-Timo ihr erstes Kind und sie konnte gar nicht anders, als ihm jeden Wunsch von den Augen abzulesen. Schon bevor er schrie, wusste Sabine, was er wollte. Klein-Timo entwickelte sich prächtig, was sie darin bestärkte, das Richtige zu tun, auch wenn ihre Freundinnen sie davor warnten, ihn zu einem kleinen Pascha zu erziehen. Mit der Zeit merkte Sabine dann selbst, dass Klein-Timo immer herrischer wurde. Er warf den Teddy zehnmal nacheinander aus dem Wagen, und wenn ihn Sabine nicht sofort wieder holte, tobte er. Bei anderen Erwachsenen versuchte er in bewährter Manier, seinen Willen durchzusetzen, fand damit aber wenig Anklang, was ihn nicht weiter zu erschüttern schien. Er nahm es hin. Nur nicht bei Sabine. Und Sabine ließ sich immer wieder von ihm einwickeln. Später ging es um Taschengeld, Lernen, Pflichten, die er übernehmen sollte – er agierte geschickt und Sabine tat immer noch alles für ihren Liebling. Sie richtete ihm die Unterlagen her, meldete sein Mofa an, kümmerte sich um seine Ratte, kaufte ihm ein Handy. Ganz ohne zu murren, macht sie es heute zwar nicht mehr, aber sie tut es – immer noch. Oft ist sie sauer, schwört sich, ihn endlich mit seinem ganzen Kram sitzen zu lassen. Doch Timo weiß, wie man Mutter rumkriegt. Mal schmollt er, mal straft er sie, indem er nicht nach Hause kommt, nicht anruft. Angst macht weich! Mal überwältigt er sie, indem er ihr ein paar Blumen mitbringt. Timo – inzwischen 25 Jahre alt und Student – weiß, wie er seine Mutter für seine Zwecke einspannen kann. Darauf angesprochen, lächelt er und meint: »Sie will es doch so!« Sabine lächelt auch und sagt: »Schließlich ist er mein Sohn.«

Vorher – nachher

Das junge Paar

Irma und John entschließen sich nach zwei Jahren heißer Liebe zusammenzuziehen – Ehe nicht ausgeschlossen. Beruflich ist Irma ebenso eingespannt wie John, will wie er Karriere machen. Solange beide eine eigene Wohnung hatten, gab es keine Schwierigkeiten. Mal traf man sich bei ihr, mal bei ihm. Jeder hielt seine Wohnung in Schuss, erledigte seinen Papierkram, tat ohne viel Aufhebens, was anfiel. Einkaufen, kochen – das wurde gemeinsam erledigt. Es bereitete ihnen viel Spaß, durch die Feinkostgeschäfte zu schlendern und Menüs aus exotischen Zutaten zusammenzustellen. Für solche Abende nahmen sie sich viel Zeit. Der Tisch wurde passend zum Essen gedeckt – mal im Hawaii-Stil, mal asiatisch oder mexikanisch. Mit Freude wurde gekocht, in Ruhe genossen. Es gab keinerlei Unstimmigkeiten bezüglich der Arbeitsteilung.

Irma und John liebten exotisches Essen, bereiteten gemeinsam vor und genossen den Abend.

Dies wird erst zum Thema, als sie in die gemeinsame Wohnung ziehen. Was vorher selbstverständlich war, wird plötzlich zum Problem – mehr für Irma als für John. Der entwickelt sich nämlich nach dem Umzug zu einem Macho. Plötzlich kann er nicht einmal mehr seine Wäsche in den Wäschekorb legen, ganz abgesehen davon, dass die Betätigung der Waschmaschine oder des Staubsaugers für ihn tabu ist. Er kommt jeden Abend relativ pünktlich nach Hause, manchmal sogar früher als Irma. Aber anstatt irgendetwas im Haushalt zu tun, setzt er sich an den Tisch, auf dem noch das Frühstücksgeschirr steht und liest in Ruhe seine Wirtschaftsmagazine. Es scheint ihn in keiner Weise zu beeindrucken, dass die Betten nicht gemacht sind, eine Menge Bügelwäsche da liegt, die Spülmaschine nicht ausgeräumt ist. Irma kann es immer noch nicht fassen. »John lässt mich einfach mit dem gesamten Haushalt sitzen!« Wenn sie ihm nicht ständig sagte, was er tun soll, würde er keinen Finger mehr rühren. Wie soll das weitergehen, wie soll das werden, wenn sie sich zu Kindern entschließen? Es kommt zu Streit – die Harmonie ist dahin.

Irma ist frustriert. Seitdem sie mit John zusammenlebt, ist er ein richtiger Pascha geworden und rührt im Haushalt keinen Finger mehr.

Die Organisatorin

Kennen Sie auch jemanden wie Jutta? Sie liebt ihren Heinz heiß und innig. Am Anfang, als sie noch auf rosaroten Wolken schwebte, bemerkte sie gar nicht, dass alle Aktivitäten von ihr ausgingen. Theater, Jazzkonzerte, Radtouren oder kurze Städtetrips – Jutta hatte die Idee, erkundete Details, kaufte die Karten, buchte Flüge und Hotelzimmer. Jutta studierte die Reiseführer und war in ihrem Element. Heinz war ein angenehmer Partner, er murrte und meckerte nicht. Heinz machte alles mit, war ein charmanter und aufmerksamer Begleiter.

Das ging ein Jahr lang gut. Doch allmählich fühlt Jutta sich nicht mehr so wohl dabei. Die Vorstellung, dass auch einmal Heinz die Initiative ergreifen könnte, beeinflusst mehr und mehr ihr Denken. Darauf angesprochen, erklärt ihr Liebster, gern alles zu tun, was ihr Freude bereite und deshalb ihr die Wahl zu überlassen. Juttas Bemühen, ihm klarzumachen, dass sie einen Rollentausch durchaus genießen würde, hat keinen Erfolg. Heinz' Aktivitäten erschöpfen sich in einem einzigen Vorschlag innerhalb eines Vierteljahres. Und wenn Jutta dazu keine Lust oder Zeit hat, ist für ihn das Thema erledigt. Er hat »seine Pflicht« getan. Jutta ist frustriert und verärgert. Sie hat keinen richtigen Spaß mehr daran, Einladungen oder Reisen zu organisieren. Sie fühlt sich allein gelassen. Vergeblich versucht sie, Heinz zu erklären, dass es nicht nur seine Interesselosigkeit ist, die ihre Freude an gemeinsamen Unternehmungen schmälert, sondern auch seine Lethargie, die sie als nachlassendes Interesse an ihrer Person wertet. Heinz kann sie eigentlich nicht richtig verstehen, denn er will doch nur, dass sie alles das macht, wozu sie Lust hat. Und nun mag sie plötzlich nicht mehr – Verständnislosigkeit auf beiden Seiten, die die Beziehung stark belastet.

Selbstbefragung

Sind Sie auch mit solchen oder ähnlichen Situationen konfrontiert? Dann stellen Sie sich vermutlich dieselben Fragen wie Janine, Eva & Co.:

- Warum immer ich?
- Warum kommt jeder zu mir, der ein Problem hat?
- Warum glaubt jeder, ich könne es am besten lösen?
- Warum glaubt jeder, ich könne einfach alles?
- Vermittle ich den Eindruck, eine Super-Powerfrau zu sein?
- Glaube ich vielleicht selbst, dass ich besser als die anderen bin?
- Warum denkt eigentlich keiner an mich und meine Bedürfnisse?
- Äußere ich meine Bedürfnisse überhaupt? Wie und bei wem?
- Warum glaubt jeder, ich sei endlos belastbar?
- Warum hilft mir keiner?

- Bitte ich überhaupt deutlich um Unterstützung?
- Wie hat sich das alles eigentlich entwickelt?
- Soll das jetzt mein ganzes Leben so weitergehen?
- Sieht denn keiner, was ich alles tue?
- Was muss ich anders machen, damit mein Umfeld erkennt, dass ich nicht für alles zuständig bin?
- Wird meine Hilfsbereitschaft ausgenutzt? Vielleicht sogar als Schwäche gesehen? Wenn ja, von wem?

Trügerisches Frauenbild in den Medien

In Frauenzeitschriften, Hochglanzmagazinen, Büchern und im Fernsehen präsentiert man uns ein Bild der Super-Mutter-Karriere-Power-Frau. Und Frau muss zugeben: Es sieht auf Hochglanzpapier ganz toll aus, wenn Schauspielerinnen, Models oder junge Karrierefrauen in Designerklamotten in der Küche stehen, das Kleinkind auf dem Arm halten und lässig ein 5-Gänge-Menü für zehn Geschäftsfreunde des Mannes zaubern. Da kommt Freude auf, wenn man sich an die eigene, wichtige Einladung von letzter Woche erinnert: Mit knallgelber Gesichtsmaske steht man da verschwitzt in der Küche, die Soße für die Vorspeise gerinnt und aus dem Kinderzimmer tönt ein Schrei, der nichts Gutes verheißt. Der Blick auf die Uhr zeigt, dass die Gäste in zehn Minuten eintreffen werden und Frau fragt sich, wie sie das Chaos in den Griff und sich selbst in einen menschenwürdigen – besser noch attraktiven – Zustand bringen soll.

Da lesen wir von dynamischen jungen Frauen, die Kind und Karriere locker unter einen Hut bringen und nicht einmal einen Partner zur finanziellen, seelischen oder praktischen Unterstützung benötigen. Sie sind stark und können einfach alles, scheinen perfekt zu sein.

Oder solche, die durch die Welt jetten, von Tokio oder Lima aus per modernen Kommunikationsmitteln den Haushalt managen, nach einer Geschäftsreise quer über alle Kontinente knitterfrei und strahlend aus dem Flieger steigen und sich wundern, dass überhaupt jemand auf den Gedanken kommen könnte, die Kinder oder die Partnerschaft würden leiden oder gar Defizite aufweisen. Wir erfahren: Alles ist möglich – so lautet ihr Slogan.

Die Medien gaukeln uns vor, dass jede Frau alles kann. Wer das Pensum nicht schafft, muss irgendwie gravierende Fehler machen ...

Und so liest man in einem der zahlreichen bunten Blätter von der patenten Hausfrau, die nicht verzweifelt, wenn der Mann nur mal schnell Zigaretten holen geht und dabei das Sparkonto leert, was ihn so verwirrt, dass er den Weg nach Hause gar nicht mehr findet. Sie lässt sich nicht unterkriegen, erhält schnell einen gut bezahlten Job – trotz mehrjähriger Arbeitspause. Sie hat auch keine Probleme, im Kindergarten um die Ecke einen Platz für die Kleine zu erhalten, obwohl die Nachbarn immer erzählen, man müsste sich schon bei der Geburt des Kindes anmelden. Ungetrübten Mutes schmeißt sie nun allein den Haushalt, ist eine fröhliche und ausgeglichene Mutter und – man sollte es nicht glauben – bereits nach sechs Monaten wird das Gehalt angehoben. Die Kleine entwickelt sich prächtig und die Mutter kann schon bald wieder ein bescheidenes Sparguthaben ihr Eigen nennen. So und ähnlich lesen sich die Berichte aus der »Traumfabrik«. Es sind wirklich bemerkenswerte Storys – und wahrlich zum Verzweifeln. Frau kann tun, was sie will – Frau schafft das einfach nicht. Woran mag das liegen?

Wir nehmen vieles, was uns die Medien vorgaukeln, egal ob es sich um Print- oder TV-Medien handelt, als Realität hin. Wir sind eben leichtgläubig. Dabei denken wir nicht daran, dass die hübschen Fotos natürlich nicht dann geschossen werden, wenn wirklich Gäste kommen, sondern dann, wenn erst hilfreiche Geister alles aufgeräumt und sauber gemacht haben, wenn kein Termin ins Haus steht und niemand wirklich ein Menü erwartet. Beim Aufnahmetermin sind die Stylisten, Frisöre und Berater in Aktion, später Retuscheure, Cutterinnen etc. So wie im richtigen Leben ... Das Komische an der Sache ist, dass dieses Bild von der schönen Superfrau überwiegend von Frauen geschaffen wird.

Die Über-Frau

So wird uns von den Medien vorgeführt, dass jede Frau alles kann – nach dem Motto: Je mehr wir uns aufladen, desto mehr können wir leisten. Wer das nicht schafft, muss irgendwie gravierende Fehler machen. Und alles, was man nur oft genug hört und sieht, prägt sich in unserem Unterbewusstsein ein und schafft das Bild, das wir von uns haben. Es wird ein Frauenbild entworfen, das mit der Realität nichts zu tun hat. Natürlich gab es immer und wird es auch immer Frauen geben, die weniger Probleme und solche, die mehr Probleme mit der Bewältigung ihrer Aufgaben haben. Aber wo gibt es eine Frau, die Karriere macht, zugleich den Kindern eine gute Mutter ist, dem Mann eine kluge und verständnisvolle Partnerin, fit und sportlich, attraktiv, gepflegt und sexy ist, hervorragend kocht, den Haushalt perfekt managt und darüber hinaus für ihre Freunde und Freundinnen ein offenes Ohr und Zeit für Hobbys hat? Eine Frau, die mit sich selbst im Reinen ist – nicht geplagt von schlechtem Gewissen, nicht zerrissen zwischen Job und Familie. Wo? Wie oft orientieren wir uns an solchen wirklichkeitsfremden Bildern, versuchen es den Superfrauen nachzumachen und stellen fest, dass wir immer wieder kläglich scheitern. Das verursacht in uns ein Gefühl der Unfähigkeit und zugleich Schuldgefühle: Wir glauben, nur wir seien nicht so belastbar, nicht so clever, nicht so gut. Wer den Ansprüchen nicht gerecht wird, ist selbst schuld, macht etwas falsch.

Viele Frauen halten sich für unvollkommen, weil sie den wirklichkeitsfremden Idealen der Glanzseiten-Welt nicht entsprechen.

Wie sehr wir manipuliert werden, machen wir uns in den seltensten Fällen klar. Nachrichten werden geschickt lanciert, Informationen werden zum richtigen Zeitpunkt publik gemacht. Werden Arbeitskräfte benötigt, dann wird das Bild der berufstätigen Frau und Mutter hoch gelobt, werden die Arbeitsplätze rarer, poliert man mal das Hausfrauenideal wieder auf. Es ist nicht ganz einfach, sich eine objektive Meinung zu bilden. Aber wer einmal bei einem Shooting für die

Fotos aus der Traumwelt dabei war, sieht die Kluft zwischen Sein und Schein. Wer erlebt hat, dass am Morgen in der aufregenden, sexy Partykleidung posiert wird, wer die liebenden Paare gesehen hat, die nach Beendigung der Fotosession mit frostigen Gesichtern getrennte Wege gehen, dem fällt es leichter, das von Medien geschaffene Bild der Über-Frau besser einzuschätzen.

Die Vorzeige-Frau

Betrachten wir doch einmal solche Vorzeige-Frauen. Prinzessin Di wird noch heute als eine Art »Mutter Teresa der oberen zehntausend« präsentiert, die großzügige Geschenke machte und sich selbstlos für die Armen, Alten, Kranken und natürlich die Minenopfer einsetzte: werbewirksame Auftritte, perfekt inszeniert. Lady Di hat sich für diese Auftritte weder kasteit, noch hat sie selbst einen Penny von ihrem eigenen Vermögen investiert. Sie ist Ausdruck einer großartigen Manipulation, eines der besten Beispiele, was Medien schaffen können: eine Welt der Träume. Erstaunlich nur, dass sich ein solches Bild in einer kalten, herzlosen Welt so etablieren kann. Aber vielleicht ist gerade das der Grund, warum Lady Di & Co. so gut ankommen – Flucht aus der harten Realität in die Welt der Illusionen.

Abend für Abend sitzen Frauen voller Bewunderung vor den Bildschirmen oder betrachten Fotos aus der heilen Welt – und möchten auch so sein.

Ein anderes Beispiel sind die Moderatorinnen oder Schauspielerinnen, die äußerst erfolgreich Woche für Woche, Monat für Monat und Jahr für Jahr ihre Sendungen und Serien haben und die als die großen Vorbilder, als Superfrauen gehandelt werden: beruflich top, Kinder wohlgeraten und gute Partnerschaften, zudem intelligent und schön, meist sogar jünger aussehend. So sitzen Abend für Abend Tausende von Frauen voller Bewunderung vor den Bildschirmen, lesen Interviews und betrachten die Fotos aus der heilen Welt – und möchten auch so sein. Selten erwähnt wird, dass diese Frauen meist mit Männern liiert sind, die zu ihrem beruflichen Erfolg maßgeblich beigetragen haben. Männer, die da sind: Produzenten, Regisseure etc. – eine Ausgangsbasis, die nicht jede Frau hat.

Wie die Alten, so die Jungen: Kinder, Küche, Karriere

Erzogen von unseren Müttern, die noch gelernt haben, sich dem Mann unterzuordnen und für die Familie zu leben, für alle großen und kleinen Probleme da zu sein, ohne die eigenen Bedürfnisse auszuleben, sind wir – ob wir wollen oder nicht – geprägt fürs Leben. Wie sehr, sieht man daran, dass Frauen schnell Schuldgefühle entwickeln, wenn sie eigene Ansprüche durchsetzen wollen. Sofort meldet sich das schlechte Gewissen, weil sie aus der Rolle fallen. Sogleich wird Frau als Mannweib oder Emanze abgestempelt, als unweiblich oder gar egoistisch, wenn sie eigene Wünsche anmeldet und vielleicht sogar noch auf ihre Rechte pocht. Was einem Mann als positive Eigenschaft angerechnet wird und für beruflichen Erfolg unerlässlich ist – beispielsweise Durchsetzungsvermögen, Zielstrebigkeit, Ehrgeiz –, wird bei einer Frau schnell als Aggression, Kälte und Egoismus ausgelegt. Sich unterordnen – zu Hause wie im Beruf – wird immer noch als eine positive weibliche Eigenschaft betrachtet. Insofern ist es auch nicht erstaunlich, dass Männer an ihren Frauen vor allem folgende Eigenschaften schätzen: Anpassungsfähigkeit, Verständnis und Geduld.

Es ist ein typisch weibliches Verhalten, sofort die Schuld bei sich selbst zu suchen. Besser ist es, sich objektiv mit dem Sachverhalt auseinanderzusetzen.

Checkliste »Wie war es bei Ihren Eltern?«

Decken Sie unbewusste Verhaltensweisen auf, dann können Sie Ihr inneres Schema ändern.

- Wie war die Aufgabenverteilung in Ihrem Elternhaus?
- Welche Aufgaben hatte Ihre Mutter?
- Welche Aufgaben hatte Ihr Vater?
- War Ihre Mutter berufstätig?
- Wessen Wünsche wurden realisiert?
- Wie wurden Kindererziehung und Hausarbeit in Ihrem Elternhaus gewertet?
- Wie wichtig war die Arbeit Ihres Vaters?
- Woran konnten Sie erkennen, wessen Arbeit einen höheren Stellenwert hatte?
- Welche dieser Denkweisen haben Sie – vielleicht unbewusst – übernommen?
- Welche Verhaltensweisen von früher haben Sie übernommen?
- Finden Sie diese in Ordnung? Wenn nicht, was möchten Sie daran ändern?

Die Weichen werden in der Kindheit gestellt

Trotz selbstbewusstem Auftreten, Chancengleichheit und flotten Sprüchen: Die Weichen für das spätere Verhalten werden in der eigenen Kindheit gelegt. Wer als kleines Mädchen nicht zu selbstständigem Handeln erzogen wurde, wird auch im Erwachsenenalter immer wieder mit dem schlechten Gewissen konfrontiert, wenn es um die Durchsetzung eigener Wünsche und Ansprüche geht. Das schlechte Gewissen als täglicher Begleiter – viele Frauen können ein Lied davon singen. Also steckt Frau lieber zurück – bei den Karrierechancen ebenso wie bei der Familienplanung. Denn wer steigt für die Babypause aus? Selten der Mann. Und auch nach einem beruflichen Wiedereinstieg muss sich Frau um alles kümmern.

Das ist nämlich in der Regel die Phase, in der der Mann sich besonders im Job einbringen muss. Entweder weil er noch zum beruflichen Höhenflug ansetzen will oder weil er gerade jetzt etwas erreicht hat und sich nun im Job besonders beweisen muss. Also rackert sie sich zu Hause ab, lernt Fläschchen zu geben, steht nachts fünfmal auf, wenn das Kleine weint, und versucht zudem, tagsüber im Beruf den Anschluss zu finden. Zwischen Windeln und Waschmaschine wird Telefonakquise gemacht, in der Hoffnung, dass das Baby nicht zu schreien anfängt. Der Partner genießt das Arbeitsessen im Sternelokal im blütenweiß gewaschenen Hemd, mit perfekter Bügelfalte und in Schuhen, so glänzend, dass man sich darin spiegeln kann – sichtbare Resultate ihres Beitrags zu seiner Karriere!

Erziehungsurlaub oder Babypause ist fast immer Sache der Frauen. Männer kümmern sich viel weniger um den Nachwuchs, sie machen Karriere.

Aber das ist noch nicht alles: Frau wird gebeutelt von Schuldgefühlen, wenn sie trotz Familie beruflich aktiv ist – und sei es auch nur zeitweise. Ist der Mann launisch, funktioniert der Haushalt nicht perfekt, sind die Kleinen ungenießbar, dann ist sie es, die die Schuld auf sich nimmt – sich als Versagerin in ihrer Mutter- und Partnerrolle sieht.

Die Frage »Kinder oder Karriere?« stellt sich für den Mann (noch) nicht. Diese Frage wird nur der Frau gestellt. Wie viele Paare haben sich jahrelang theoretisch mit diesem Thema befasst und geglaubt, eine hervorragende und gerechte Lösung zur Arbeitsteilung gefunden zu haben. Doch wie so oft holt sie das wirkliche Leben schnell ein. Dann nämlich, wenn eine Kleinigkeit nicht der Planung entspricht, wenn das Kind nicht so pflegleicht ist, wie man vorausgesetzt hat, wenn einer der beiden den Job verliert oder aus beruflichen Gründen ein Umzug notwendig wird. Ob eine Frau Kinder und Karriere vereinbaren kann, hängt weitgehend von der Einstellung des Mannes ab. Für den Fall, dass ein Gehalt ausreichen würde, sähen mehr als die Hälfte der westdeutschen Ehemänner ihre Frauen lieber zu Hause als im Beruf – bei den ostdeutschen Männern sind es dagegen nur 11 Prozent.

Viele junge Leute sprechen dieses Thema viel zu spät an – nach dem Motto »das hat noch Zeit«, »Kinder wollen wir erst später« oder »wir warten erst einmal ab«. Und ist dann das Baby erst da, ist es zu spät. Bevor man die Konsequenzen richtig erkannt hat, befindet sich das Paar bereits mitten in der Krise, die Probleme sind da.

Wenn alles ganz anders kommt ...

Gerda hatte ihre Assistentenstelle aufgegeben, wollte Babypause machen und nach sechs Monaten in ihrem Job wieder voll einsteigen. Eine Tagesmutter ist bereits gefunden und die Planung scheint perfekt. Doch es kommt alles anders. Peter, ihr Mann, erhält überraschend das Angebot, für drei Jahre nach Teheran zu gehen. Eine große Chance für ihn – Auslandserfahrung, Spezialisierung und Aussicht auf eine super Karriere, wie er sie als Ingenieur im Inland niemals machen könnte. Was ist dagegen schon Gerdas Assistentenstelle? Außerdem wollte sie sowieso eine Babypause machen ... Alles muss schnell gehen, die Entscheidung innerhalb einer Woche fallen. Bevor sie sich versieht, steht der Umzugstermin fest, Peter verabschiedet sich mit Küsschen, strahlenden Augen und dem Satz: »Bis in drei Wochen in Teheran« von ihr. Für Gerda heißt das: vorläufiges Ende ihrer Karriere, weg von Familie und Freunden, Neubeginn in einer völlig anderen Situation mit dem Baby in einem Land mit fremden Sitten und Gebräuchen, Einschränkung ihrer persönlichen Freiheit durch die islamischen Sitten, wenig Landeskenntnisse – kurz Umstellung in allen Lebensbereichen sowie Aufgabe der eigenen Pläne, Verzicht auf eine Karriere.

Ist erst einmal ein Kind da, muss schnell gehandelt werden. Frau ist es, die den Haushalt schmeißt, daheim bleibt, wenn der Kleine zahnt und unleidlich ist, sie nimmt die Akten mit nach Hause und arbeitet nachts durch, um sich ihren Job zu sichern. Und sie ist es, die mit Recht fragt: »Warum bleibt alles an mir hängen? Ist die Verteilung der Lebensaufgaben ungerecht oder mache ich einen Fehler?«

Es kann auf diese Fragen keine allgemein gültige Antwort geben. Aber es gibt verschiedene Möglichkeiten und Varianten, mit denen wir uns in den folgenden Kapiteln befassen wollen.

Der Mann als Hauptenährer hat immer Vorrang, wenn es um den Beruf geht. Da müssen (wirklich?) Frauen in Sachen eigene Karriere zurückstecken.

Und sicher werden Sie sich in dem einen oder anderen Beispiel wieder erkennen und hier und dort einen Ansatz finden, Ihre persönliche Situation zu verändern. Dabei geht es in erster Linie darum, sich selbst besser kennen zu lernen, denn dann können Sie leichter herausfinden, warum Sie sich überlastet und ausgenutzt fühlen, was Sie wirklich wollen, was davon realisierbar ist und auf welche Art und Weise. Das bedeutet nicht, dass Ihnen dieses Buch dazu verhilft, eine super Über-Frau zu werden. Ich möchte Ihnen helfen, sich selbst zu finden und Ihre Ansprüche besser durchsetzen zu lernen, mehr an sich selbst zu denken – ohne innere Vorwürfe und schlechtes Gewissen. Wenig konstruktiv ist es, die Schuld an der eigenen Misere im Umfeld, in Zufällen oder beim Partner zu suchen. Konzentrieren Sie sich lieber auf sich selbst, finden Sie heraus, wo Sie heute sind und wie Sie mehr aus Ihrem Leben machen, wie Sie Ihre eigenen Bedürfnisse erkennen und Ihre Wünsche leben können.

Das beginnt mit der Frage nach den Lebenszielen. Was ist mit Ihrer Lebensplanung? Haben Sie sie aus den Augen verloren oder gar ganz vergessen?

Aus Zufall, Gewohnheit oder aus Liebe in die Krise?

Alles nach Plan, oder?

Es gibt Menschen, die wussten schon mit sechs Jahren, was sie später werden wollten. Die meisten von uns haben allerdings keine konkrete Lebensplanung. Aber gerade in unserer schnelllebigen Zeit sollten wir einen Plan schaffen, an dem wir uns orientieren können, wenn wir die Balance verlieren. Das heißt noch lange nicht, dass Pläne nicht zu revidieren sind. Aber auch dafür müssen sie erst einmal vorhanden sein.

Denken Sie nur daran, wie schnell sich die Zeiten wandeln. Vor 20 Jahren war der Computer etwas Hochtechnisches für ein paar Eingeweihte, heute ist er selbst im Privatleben nicht mehr wegzudenken, steht schon im Kinderzimmer und die 10-Jährigen sind Profis, die den Eltern zeigen, wo es langgeht, wenn der Computer streikt. Gameboys, Handys, Internet – vor einiger Zeit wusste kaum jemand, ob diese Namen exotische Orte, neu geschaffene Berufe oder den letzten Fashiontrend bezeichnen. Heute weiß schon der Kleine in der Grundschule, was ein Modem ist und verschickt E-Mails an seine Freunde.

Galt bei den zu Kaisers Zeiten Geborenen die Berufstätigkeit der bürgerlichen Frau noch als ungewöhnlich, ja fast sogar unschicklich – Arbeiterinnen in den Fabriken hatten da ein ganz anderes Schicksal –, so hat sich dies grundlegend geändert. Und für die jungen Frauen von heute ist die Berufstätigkeit das Normalste der Welt. Frauen, die ihre Zukunft auf Ehe und Hausfrauentätigkeit bauen, sind eine aussterbende Spezies und werden wie Menschen vom anderen Stern betrachtet. Ganz abgesehen davon, dass bei der heutigen Arbeitsmarktlage auch ein Mann als Ernährer kein Sicherheitsgarant mehr ist.

Ohne konkrete Lebensplanung verzetteln Sie sich. Sie brauchen Zielvorstellungen, an denen Sie sich orientieren können, die Sie von Zeit zu Zeit auch überprüfen sollten.

Fragen Sie einmal in Ihrem Freundes- und Bekanntenkreis, wer einen Lebensplan hat und ob und wie weit ein solcher Plan realisiert wurde. Eines sollte uns ganz klar sein: Wer kein Ziel hat, kann nicht ankommen. Stellen Sie sich vor, Sie buchen einen Urlaub in der Südsee. Wie wollen Sie dort irgendwo landen, wenn Sie nicht von vornherein die Insel festgelegt haben, auf der Sie Ihren Urlaub verbringen möchten? Wenn Ihr Lebensziel so nebulös ist wie der Vorsatz »glücklich werden«, dann werden Sie eines sicher nicht: glücklich! Klären Sie deshalb folgende Fragen für sich ab:

- Haben oder hatten Sie eine feste Vorstellung von Ihrem Leben – in beruflicher und privater Hinsicht?
- Haben Sie einen Lebensplan gemacht?
- Was verstehen Sie unter Selbstverwirklichung?
- Welche Aspekte Ihrer Persönlichkeit wollten Sie verwirklichen? Ist Ihnen das gelungen?

Je intensiver Sie sich mit solchen Fragen befassen, je konkreter Sie wissen, was Sie wollten und was Sie stattdessen jetzt haben, desto klarer wird Ihnen, warum Ihr Leben heute so und nicht anders ist. Häufig sind wir so beschäftigt damit, die täglichen Aufgaben zu bewältigen, dass wir nur noch von einem Tag auf den anderen leben und unsere ursprünglichen Pläne und Wünsche vor lauter Hektik und Stress in Vergessenheit geraten. Und eines Tages stellen wir dann fest, dass das Leben an uns vorbeigegangen ist, dass wir alt und unzufrieden geworden sind, dass wir »nichts vom Leben gehabt haben«. Die Folgen: Frust, Verbitterung und Trauer. Besonders trifft uns diese Erkenntnis, wenn uns klar wird, dass wir uns viel zu viel zugemutet haben, dass wir zu wenig an uns selbst gedacht, unsere Vorstellungen vielleicht ganz vergessen haben. Oder dass wir uns von unseren lieben Mitmenschen allerlei Aufgaben haben aufbürden lassen, die wir eigentlich gar nicht machen wollten, dass wir aus Rücksicht auf andere uns selbst vernachlässigt haben. Dass wir uns über viele Jahre von unseren Kindern für ihre Zwecke und zu ihrer Bequemlichkeit haben einspannen lassen und dabei nicht rechtzeitig an unsere Zukunft gedacht haben – eine Zeit, in der die Kinder uns nicht mehr brauchen, der Partner vielleicht nach einer Zweit- oder Drittfrau Ausschau hält, weil wir uns zu sehr den Kindern gewidmet haben, keine Zeit für ihn hatten, als er uns brauchte. Dass wir uns nicht konsequent genug abgegrenzt, dass wir unsere eigenen Bedürfnisse unterdrückt – vielleicht nicht einmal richtig wahrgenommen – haben. Und irgendwann stellen wir fest, dass wir bereits so tief in ein bestimmtes Verhalten gerutscht sind, dass wir gar nicht richtig bemerken, wie wir vieles tun, was wir eigentlich gar nicht wollen und was unsere Zeit, unsere Nerven und unsere Kraft in Anspruch nimmt. Das Einzige, was Ihnen dann ab und zu in den Sinn kommt, ist der Wunsch, endlich etwas für sich selbst zu tun – auch einmal an sich zu denken, wieder zu spüren, dass Leben nicht nur Stress und Pflicht bedeutet, sondern Freude und Vergnügen sein kann.

Selbstbefragung: Wo stehe ich?

Irgendwann wacht Frau auf und fragt sich:

- Wo bleibe eigentlich ich in diesem Lebensspiel?
- Habe ich mich manipulieren lassen?
- Oder habe ich mein Leben selbst bestimmt?
- Warum soll immer ich alle Aufgaben übernehmen?
- Warum hat das Wort »Pflicht« in meinem Leben eine viel größere Bedeutung als das Wort »Recht«?
- Warum ist mein Pflichtbewusstsein so stark ausgeprägt?

- Warum bin ich so selbst-los?
- Warum soll immer ich alle Probleme lösen, meine Freizeit, meine Kraft, Nerven, Finanzen und Zeit für andere opfern?
- Wo bin ich geblieben?

Möglicherweise stellen Sie fest, dass Ihnen Ihr Leben entglitten ist, dass ein Automatismus eingetreten ist, den Sie gar nicht bewusst wahrgenommen haben. Stoppen Sie den Prozess – am besten, bevor er überhaupt so richtig in Gang gekommen ist. Und selbst wenn Sie sich im Augenblick von den Anforderungen und Wünschen Ihrer Umwelt überrollt fühlen – Sie können alles ändern, sofern Sie es wollen. Anhand einer intensiven Selbstbefragung können Sie sehen, was in Ihrem Leben los ist, wer in Ihrem Leben bestimmt – Sie selbst, andere oder machen Sie etwa »die Umstände« dafür verantwortlich?

Unser Ziel ist nicht die super Power-Frau, die als Geschäftsführerin eine Werbeagentur schmeißt, zugleich drei Kinder gut auf ihren Weg bringt, die anpassungsfähige Gattin eines Bankdirektors mimt und auch noch Zeit hat, ihre Hobbys zu pflegen. Das ist für niemanden durchzuhalten. Besser ist es, seinen eigenen Weg zu finden, der sich an den individuellen Vorstellungen und den persönlichen Umständen orientiert, der gangbar und realistisch ist und der Sie zu größerer innerer Zufriedenheit führt – zu einem besseren Lebensgefühl. Sie sollten zu sich selbst finden, sollten erkennen, dass Sie die Hauptperson in Ihrem Leben sind, dass gesunder Egoismus lebensnotwendig ist.

Schritt für Schritt lernen

Sie können in den meisten Fällen nicht alles von heute auf morgen komplett verändern, aber Sie können lernen, Ihre Probleme zu lösen und mehr in Ihrem Leben mitzubestimmen. Sie können lernen zu definieren – vielleicht sogar ganz neu –, was Ihnen wichtig ist, wofür Sie Zeit und Energie aufwenden wollen. Sie können lernen, Ihr Leben besser zu organisieren, öfter Nein zu den Ansprüchen anderer und öfter Ja zu den eigenen Wünschen zu sagen, ohne dabei gleich rücksichtslos oder egoistisch zu werden. Sie können lernen, freier – und damit zufriedener – zu leben. Sie können lernen, Ihre Zeit besser einzuteilen, andere Menschen in die Pflicht zu nehmen und ohne Schuldgefühle für sich selbst etwas zu tun, was Ihnen Freude macht und Ihr Leben bereichert. Sie können lernen, eine bessere Ausgewogenheit zwischen Rechten und Pflichten zu schaffen. Sie können die »Fallen« erkennen, in die Sie bisher vermutlich ganz unbewusst getappt sind. Sie können vieles verändern, wenn Sie es nur wollen.

Selbst ist die Frau, manchmal bis zur Selbstaufgabe. Bevor wir zusammenbrechen vor lauter Aufgaben, sollten wir vielleicht einmal andere um Hilfe bitten ...

Sagen Sie laut und deutlich jeden Tag: »ICH KANN!«

Do it yourself!

Früher habe ich nur müde gelächelt, wenn im Flugzeug eine Frau mittleren Alters, die durchaus keinen gebrechlichen Eindruck machte, sich so umständlich und offensichtlich vergeblich bemühte, ihre Reisetasche in das Ablagefach zu hieven, dass sich jeder Mann in Sichtweite animiert fühlte, zuzugreifen und die Tasche hochzuheben. Ich bin doch nicht so hilflos, dachte ich immer und bugsierte meine schwere Aktentasche selbst in die Ablage. Niemals hätte ich eine solche Schwäche gezeigt und etwa einen Mann um Hilfe gebeten. Selbst ist die Frau – das war mein Motto, auch wenn mich das manchmal ein verrissenes Kreuz kostete.

Oder aber die junge Frau, die mit einem etwas dümmlichen Gesichtsausdruck den Schalterbeamten anlächelt und dann mit zarter Stimme erklärt: »Ich weiß gar nicht, wie ich mit diesem komplizierten Formular klarkommen soll.« Natürlich will der Meister über die Formulare zeigen, was er kann, und füllt die beiden Seiten für die junge Dame exakt aus. Niemals würde ich mir eine solche Blöße geben. Lieber nehme ich das Formular mit, setze mich in eine Ecke, studiere es und fülle es aus. Dann stelle ich mich wieder an – noch einmal zehn Minuten, um zu hören, dass mir doch ein winzig kleiner Fehler unterlaufen sei und ich das Ganze noch einmal komplett ausfüllen müsse: Pech gehabt. Gelobt sei, was hart macht!

Meine Nachbarin hetzt lieber jeden Morgen zur Grundschule, um ihren Kleinen abzuliefern, als mich zu fragen, ob ich ihn mitnehmen könne. Sie weiß, dass mein Büro in der Nähe der Schule ist. Erst als sie mit 40 °C Fieber im Bett liegt und das Kind ein paar Tage nicht zur Schule begleiten kann, überwindet sie sich und fragt bei mir an …

Viele Frauen sagen nicht, wenn es ihnen zu viel wird, und warten vielleicht insgeheim, dass Hilfe angeboten wird. Verlassen Sie sich lieber nicht darauf, dass Ihr Partner, Boss oder Sohn Gedanken lesen kann.

Marianne glaubt immer noch, dass sie alles auf die Reihe kriegt: tagsüber für eine Zeitfirma als Aushilfssekretärin »springen«, dann ihrer großen Liebe abends die Korrespondenz tippen und nachts für den Schein in BWL lernen. Erst geht es ganz gut, aber mit der Zeit nagen der Stress und die Überlastung an Mariannes Nervenkostüm. Im Büro unterlaufen ihr Fehler, sie ist unkonzentriert und weniger belastbar. Die Zeitfirma, für die sie schon länger zur vollen Zufriedenheit arbeitet, muss nun von Kunden hören, dass Marianne ab und zu im Büro ausflippt und sich zunehmend Fehler in ihren Übersetzungen einschleichen. Sie muss immer häufiger am Wochenende auf den Sport verzichten, der Freund fährt mit anderen und kommt auch in der Woche immer später nach Hause. Wen wundert es, Marianne kann sich nur noch mit Kaffee und Zigaretten wach halten. Ihr Freund bietet ihr an, seine Büroarbeiten von seiner Schwester gegen Bezahlung erledigen zu lassen. Aber Marianne will das nicht, weil sie die Schwester überhaupt nicht leiden kann. Er schlägt vor, dass sie für einige Monate, bis die Prüfung vorbei ist, auf das Jobben verzichten soll, er will die Kosten für die gemeinsame Wohnung für diese Zeit ganz übernehmen. Marianne will auch das nicht. »Ich schaffe das schon«, sagt sie.

Und in der Tat, sie schafft es. Und der Preis? Ein Magengeschwür und eine massive Krise in der Beziehung. Aber sie beweist sich und allen anderen, dass sie alles kann. Und nun setzt sie zur Steigerung an: Sie möchte ein Kind …

Allseits beliebt: das Helfersyndrom

Es ist schon ein Kreuz mit dem Pflichtbewusstsein. Frauen fühlen sich schnell angesprochen, wenn sie sehen, dass Schwächere allein nicht zurechtkommen. Sofort wird mit angepackt: Aufgaben und Pflichten werden übernommen bis zum Umfallen. Bevor wir die Konsequenzen unseres Handelns so richtig erkannt haben, hat uns unser Helfersyndrom bereits die nächste zusätzliche Last beschert. Aber nicht nur die Kinder sind Nutznießer unserer übergroßen Hilfsbereitschaft, auch Partner, Freunde, Kollegen wissen instinktiv, wie sie uns auf elegante Weise für ihre Zwecke einspannen können.

Von klein auf lernen wir, für andere da zu sein – zuerst für die Puppe, dann für die kleineren Geschwister, schließlich für die eigenen Kinder und den Ehemann.

Die meisten Frauen wurden schon als kleine Mädchen mit Aufgaben und Pflichten betraut, egal ob es sich dabei um eine Arbeit im Haushalt handelte oder um das regelmäßige Gassigehen mit dem Familienhund. Der größere Bruder hat uns zwar verteidigt und Kontrahenten verprügelt, aber zu den niederen Tätigkeiten (»Weiberarbeit« nannte er das verächtlich!) wie Abwasch etc. wurde er grundsätzlich nicht herangezogen. So haben wir förmlich mit der Muttermilch ein solides Pflichtgefühl aufgenommen, das sich unbewusst tief und fest in uns verankert hat.

Sie glauben das nicht? Dann schauen Sie sich doch einmal Ihren Alltag an:

- Wer kümmert sich um Haushalt, Einkaufen, Kochen?
- Wer geht zum Elternabend?
- Wer kümmert sich um die Konten, die Geldangelegenheiten der Familie?
- Wer macht die Wäsche?
- Wer bringt den Wagen zur Reparatur?
- Wer bestellt den Tisch im Restaurant für die Geburtstagsfeier, für das Geschäftsessen des Partners, die Kinokarten für die Kids?
- Wer vereinbart die Arzttermine für die ganze Familie?
- Wer lässt die Katze impfen?
- Wer überprüft die Hausaufgaben der Kinder?
- Wer schreibt die Geburtstagskarten?
- Wer macht sich Gedanken über Geburtstagsgeschenke?
- Wer bucht den Urlaub?

Warum machen Sie das eigentlich alles?

Von Kindesbeinen an dazu angehalten, Pflichten zu haben, im Haushalt zu helfen und alles gewissenhaft zu erledigen, ist es für viele Frauen nur normal, sich ihr ganzes Leben lang um alles zu kümmern. Und das tun sie ganz von selbst, denn so sind sie ja von ihrer Mutter erzogen worden. Das ist nicht nur im Privatleben so; auch im Beruf machen wir es nicht viel anders. Wird Hilfe gebraucht – auf uns kann man sich verlassen, wir sind da!

Haben Sie sich einmal gefragt, warum Sie all diese Aufgaben übernehmen, oft sogar ohne dass Sie darum gebeten werden? Was wird wohl passieren, wenn Sie plötzlich »streiken« würden?

Während der ruhigen Tage vor der Jahreswende, in denen die Büros nur spärlich besetzt sind, kommt ein Fax vom Vorstand der Muttergesellschaft. Der Chef möchte eine exakte Aufstellung über die Verkaufszahlen der drei neuesten Geräte, und zwar so schnell wie möglich. Herr Müller, Abteilungsleiter, berät sich mit Frau Maier, ebenfalls Leiterin einer Abteilung, was zu tun sei. »Wir müssen unbedingt die gesamten Zahlen aus den Listen heraussuchen und dem Chef hinlegen, damit er die gewünschten Unterlagen gleich morgen weitergeben kann«, meint Herr Müller. Frau Maier kann ihrem Kollegen nur zustimmen und macht sich sofort an die Arbeit. Sie muss nicht einmal dazu aufgefordert werden, es kommt ihr gar nicht in den Sinn, sich mit ihm die Arbeit, die weder in ihren noch in seinen Aufgabenbereich fällt, zu teilen oder sie vielleicht sogar Herrn Müller ganz zuzuweisen. Der zuständige Mitarbeiter ist in Urlaub, die Sache muss so schnell wie möglich erledigt werden. Der »Mechanismus Pflichtbewusstsein« funktioniert: Frau Maier springt automatisch und mit der größten Selbstverständlichkeit in die Bresche.

Checkliste zur Kindheit

Wie war das früher bei Ihnen?

- Wurden Ihnen Pflichten und Aufgaben übertragen?
- Wurde die Durchführung überprüft?
- Wie war das mit Ihren Geschwistern (welche Aufgaben erhielten die älteren/jüngeren)?
- Gab es einen Unterschied in der Behandlung von Jungen und Mädchen?
- Wenn ja, welchen und wie wirkte er sich aus?
- Wie sehr ist Ihre Einstellung davon geprägt?

Die Vergangenheit prägt die Gegenwart und die Zukunft!

Die Analyse

Um zu sehen, wie es heute in Ihrer Partnerschaft oder Ehe abläuft, sollten Sie sich einmal die Mühe machen, eine Liste zu erstellen, in der Sie alle festen Aufgaben notieren, die Sie, Ihr Partner, Ihre Kinder erledigen, und zwar detailliert (täglich, wöchentlich, monatlich, gelegentlich, immer) und mit Zeitaufwand. Nehmen Sie folgende Liste als Anleitung, um Ihre häusliche Situation zu checken.

Tätigkeit	wird erledigt von	Zeitaufwand pro Woche	Ist das o.k.?
Bügeln	Mutter	4 Stunden	Nein
Saugen	Mutter	2,5 Stunden	Nein
Kochen	Mutter	7 Stunden	Ja
Putzen			

Sie werden mit Schrecken schwarz auf weiß gesehen haben, dass die Hauptlast Ihnen zufällt. Woran liegt das? Wie ist es dazu gekommen? Zur weiteren Analyse Ihrer persönlichen familiären Situationen gehen Sie folgenden Fragen nach:

- Wie handhaben Sie die Aufgabenverteilung mit Partner/Kindern?
- Sind Sie mit der augenblicklichen Lösung zufrieden?
- Wie sieht es im beruflichen Bereich aus?
- Haben Sie Ihre klar abgegrenzten Aufgaben?
- Sind Sie mit der Aufgabenverteilung zufrieden?
- Sind Sie bekannt dafür, ausgesprochen hilfsbereit zu sein?
- ... dass Sie Hilfe oft von selbst anbieten?
- Haben Sie das Gefühl, zu hilfsbereit zu sein?
- Wird Ihre Hilfsbereitschaft ausgenutzt? – Von wem und in welchem Bereich?

Schaffen Sie ohne Emotionen Klarheit.

Die Konsequenzen

Schärfen Sie Ihr Bewusstsein für die wirklich notwendigen Pflichten. Aber schärfen Sie auch Ihr Bewusstsein für die Arbeiten, die Sie ohne triftigen Grund übernehmen. Prüfen Sie lieber erst genau, ob Sie etwas machen wollen oder ob Sie nur schnell bzw. aus Gewohnheit zusagen, ohne die Konsequenzen bedacht zu haben. »Können Sie Jacques mit in die

Schule nehmen und abholen?«, fragt Frau Schuster mit einem Lächeln. »Ja, warum nicht«, sagen Sie so schnell dahin. Erst dann fangen die kleinen grauen Zellen an zu arbeiten. Was bedeutet das tatsächlich? Sie müssen früher von zu Hause los, kommen später nach Hause – insgesamt zehn Minuten – ein Zeitverlust, der pro Tag vielleicht nicht stark ins Gewicht fällt. Hochgerechnet sind das in der Woche 50 Minuten, im Monat etwa vier Stunden! Was hätten Sie mit dieser Zeit anfangen können: Sauna, Shopping, endlich mal wieder Freunde treffen … Und all das für Frau Schuster, die sich so überlastet gibt, dass niemand es wagt, sie um einen Gefallen zu bitten, obwohl sie oft im Schwimmbad oder auf dem Tennisplatz gesehen wird. Warum haben Sie so schnell Ja gesagt?

Vermeiden Sie Frust und Ärger, indem Sie sich vor spontanen Zusagen hüten. Bevor Sie auf Bitten um Hilfe antworten, sagen Sie sich in Gedanken erst einmal: Stopp!

Eigene Pflichten ja – die Pflichten anderer nein: Das sollte zu Ihrem Motto werden. Pflichten hängen eng zusammen mit der Vorstellung vom Leben und den individuellen Werten. Pflichten können sich im Lauf des Lebens ändern, wenngleich es bestimmte Grundpflichten gibt, die das ganze Leben über Gültigkeit behalten, wie beispielsweise die Pflicht, Steuern zu zahlen, für die Kinder zu sorgen, bis sie selbstständig sind etc.

Wie ist das mit den Verpflichtungen?

Dann gibt es die Verpflichtungen. Wir leben nicht in einem Vakuum, sondern haben ständig mit anderen Menschen zu tun. Daraus ergeben sich automatisch Verpflichtungen, auch wenn diese oft nicht so explizit ausgedrückt werden wie in Arbeits- oder Mietverträgen. Ich denke dabei nicht an eine Aufrechnung von Gefälligkeiten oder Hilfsleistungen, wie wir sie von anderen in Anspruch nehmen und auch selbst leisten. Jeder von uns hat Pflichten und Verpflichtungen im moralischen Sinn, hat aber ebenso auch Rechte und Ansprüche. Haben Sie mit Hilfe einer Bekannten einen Job bekommen, dann fühlen Sie sich mit Recht verpflichtet, dieser Bekannten zu helfen, wenn Sie es können (im entsprechenden Rahmen). Kümmert sich eine Verwandte um Ihre Kinder, dann sind Sie auch verpflichtet, sich um diese Frau zu kümmern. Das versteht sich von selbst.

Wie oft aber fühlen wir uns verpflichtet, obwohl es keinen Grund für ein solches Gefühl gibt. Nur weil jemand Sie zum Kaffee eingeladen hat, müssen Sie sich nicht zu einer Gegeneinladung genötigt fühlen. Schnell geraten wir mit einem falschen Verpflichtungsdenken in eine Verpflichtungsspirale. Bleiben wir bei dem Beispiel der Kaffee-Einladung. Sie sind weder verpflichtet, diese Einladung anzunehmen, wenn Sie das nicht möchten, noch sollten Sie sich in die Pflicht genommen fühlen, wenn Sie sich fünfmal einladen lassen. Lassen Sie Ihren Mitmenschen die Freiheit, Ihnen das vorzuschlagen, was sie möchten. Nehmen Sie sich die Freiheit, das zu tun, was Sie möchten. Prüfen Sie genau, wo Sie eine wirkliche Verpflichtung eingehen und wo Sie sich nur »verpflichtet fühlen«.

Pflichten und Verpflichtungen

Schreiben Sie auf ein Blatt Papier, welche Aufgaben und Pflichten Sie übernommen haben und unterteilen Sie diese in die Sparten Privatleben (Familie/Freunde/Freizeit) und Berufsleben.
Notieren Sie mit einem Farbstift, in welchen Bereichen Sie Verpflichtungen eingegangen sind.
Nun kreuzen Sie – am besten mit einer anderen Farbe – die Pflichten an, die Sie für wirklich notwendig erachten.

- Wer ist Ihnen verpflichtet?
- Wem sind Sie verpflichtet?
- Handelt es sich um eine echte Verpflichtung oder um eine Erwartung?

»Falsche« Verpflichtungen müssen nicht sein!

Liebe gegen Leistung?

Es gibt viele Gründe, warum gerade Frauen sich für andere Menschen regelrecht aufopfern. Nicht immer steht die pure Selbstlosigkeit dahinter. Nehmen wir das Beispiel von Martha: Sie ist das zweite von vier Kindern. Ihre Geschwister sind alle verheiratet, zwei haben kleine Kinder, die jüngste Schwester ist schwanger. Martha ist Verkäuferin in einer exklusiven Boutique. Der Besitzer wollte sie vor einem Jahr eigentlich zur Geschäftsführerin seines neuen Fashionshops machen, hat dann aber zu Marthas Enttäuschung kurz vor Eröffnung des Geschäfts eine neue Mitarbeiterin für diesen Job engagiert. Und das, obwohl Martha klaglos und unbezahlt Überstunden macht und im Gegensatz zu ihren Kolleginnen den Laden nicht schon fünf Minuten vor der Zeit schließt, sondern sogar noch ein Lächeln für die Kundinnen aufbringt, die in aller Ruhe fünf Klamotten mit in die Kabine nehmen, obwohl schon Ladenschluss ist. Wenn einmal die Putzfrau ausfällt, ist sie sich nicht zu schade, selbst das Geschäft zu putzen, die Unterlagen für die Buchhaltung bereitet sie – häufig zu Hause – so vor, dass nur noch verbucht werden muss. Und da sie gelernte Schneiderin ist, kann sie mit schnellen Stichen kleine Änderungen selbst vornehmen. Man sollte meinen, dass der Chef einer solchen Kraft gerne die Leitung des neuen Ladens übergeben würde. Kompetent, engagiert, freundlich und zuverlässig. Was will man mehr?

Immer ein bisschen mehr arbeiten, ein bisschen zu viel Hilfe anbieten, ein bisschen zu viel Engagement für andere aufbringen – das kann fatal sein. Fragen Sie sich, warum Sie das wirklich tun?

Privat sieht es ähnlich aus. Martha ist in ihrer Familie sehr gefragt. Als Single hat sie am Wochenende und abends Zeit, die Kinder zu nehmen, und weil sie ihre Geschwister mag, bleibt es nicht beim Babysitten oder beim Aufpassen auf dem Spielplatz. Nein, Martha engagiert sich auch hier voll und ganz. Sie räumt die Wohnung auf, während die Kinder schlafen, näht Kinderkleider, lässt ihre Geschwister nebst Partnern und Partnerinnen in den Genuss ihres Einkaufsrabatts beim Kleidergroßhandel kommen. Sie scheint sich auch nicht zu ärgern, wenn die Ansprüche immer höher werden und sie die Kleidungsstücke mehrmals hin- und hertransportieren muss, denn sie darf niemanden mit in den Großhandel nehmen. Es scheint ihr auch nichts auszumachen, dass sie das Geld für die Kleider immer später erhält, obwohl sie sofort cash zahlen muss.

Für die Familie tut Martha einfach alles. Wenn Hilfe gebraucht wird, das weiß man, ist Martha immer da. Sie lässt Partys sausen, sagt Dates ab, lässt Konzertkarten verfallen, wenn die Familie ruft. Und darauf ist sie wirklich stolz. Es fällt allerdings nicht nur Martha auf, sondern auch ihren Freunden und Freundinnen, dass die Familie sich ihrer meist nur dann erinnert, wenn kostenlose Hilfe gebraucht wird, wenn Martha in irgendeiner Art und Weise für die Geschwister von Nutzen sein kann, sei es, dass man schnell mal ihr Auto ausleiht, Unterstützung beim Hausputz braucht oder die Kinder fürs Wochenende bei ihr ablädt. Martha ist da – und das ist gut für die Geschwister. Martha ist auch so problemlos – heißt es im Familienkreis –, sie stellt keine Ansprüche, hat keine Wünsche. Man muss sich nicht um sie sorgen, und außerdem braucht man sich nicht großartig bei ihr zu bedanken oder sich gar verpflichtet zu fühlen. So wird Martha gern auch zu allen Feiern und Festen eingeladen, denn das bedeutet eine große Entlastung für alle. Martha – das Allroundgenie: Die Kinder sind in besten Händen, stören nicht und zugleich wird aufgeräumt, der Tisch gedeckt und das Essen serviert. Ihre (seltene) Abwesenheit bei solchen Festen fällt überhaupt nur deshalb auf, weil dann andere Familienmitglieder Marthas Arbeiten übernehmen müssen.

Martha ist stolz auf sich: Für die Familie macht sie alles, sie opfert sich auf. Wenn Hilfe nötig ist, auf Martha kann man sich verlassen ...

Auch Martha kann nicht umhin zu registrieren, dass sie immer gerufen wird, wenn es zu tun gibt. Martha ist darüber unglücklich, aber sie tut immer mehr, um die Anerkennung und Achtung ihrer Familie zu erringen. Sie ruft nicht mehr nur ab und zu an, sondern fast täglich. Und man muss sie bald gar nicht mehr bitten, etwas zu erledigen – sie bietet es von selbst an. Martha wird damit für die Familie noch bequemer. Das hat zur Folge, dass das bisschen Aufmerksamkeit, das ihr entgegengebracht wird, sich weiter reduziert. Martha spürt das und verstärkt instinktiv ihre Hilfsbereitschaft. Ohne dass ihr dieses Verhalten so richtig bewusst wird, hofft sie, durch ihre Aufopferung endlich Achtung und Zuneigung zu erhalten. Doch weit gefehlt! Je mehr Martha auf diese Art und Weise tut, umso weniger wird sie respektiert. Es ist nichts weiter als eine Selbstverständlichkeit, dass sie da ist und dass man ohne Verpflichtung alles von ihr bekommt.

Anerkennung erhalten Sie nicht durch Selbstaufopferung. Ganz im Gegenteil: Sie machen sich dadurch klein und wertlos.

Martha stellt keine Ansprüche und keine Forderungen. Martha erhält aber auch nicht das, was ihr so wichtig ist, nämlich im Kreis der Familie akzeptiert und geliebt zu sein, ein natürliches Grundgefühl, das jeder Mensch braucht. Ja, durch ihre Selbstaufopferung erreicht sie genau das Gegenteil. Sie macht sich klein und unwichtig, ist ständig verfügbar. Durch dieses Verhalten wird sie tatsächlich klein, sie ist immer verfügbar und das macht sie in den Augen ihrer Mitmenschen wert-los. Ihr Wunsch nach Anerkennung und Zuneigung wird schamlos ausgenutzt, auch wenn wir unterstellen wollen, dass die Geschwister dies nicht aus Bosheit tun.

An diesem Beispiel sehen wir deutlich, dass Anerkennung nicht durch Selbstaufgabe erreicht werden kann – weder im Privat- noch im Berufsleben.

Martha wäre Geschäftsführerin geworden, wenn sie sich anders verhalten hätte, wenn sie nur ihre Aufgabe erfüllt und nicht zugleich als Schneiderin, Putzfrau und Buchhalterin fungiert und unbezahlte Überstunden gemacht hätte. Ihr Chef hätte ihre Leistung durch »Beförderung« belohnt. Aber er brauchte Martha ja nicht zu belohnen – sie war doch so zufrieden und außerdem so praktisch, konnte er sich doch eine Menge Ausgaben auf ihre Kosten sparen.

Ebenso läuft es privat. Martha ist dankbar, dass sie für die Familie etwas tun darf. Deshalb muss die Familie nicht froh und dankbar sein, dass Martha rund um die Uhr einsatzbereit zur Verfügung steht. Außerdem hat sie ja »Zeit und keine eigenen Interessen« – mit solchen Bemerkungen der Familie wird ihr Engagement auch noch abgewertet.

Geben und Nehmen

Wehe dem, der diesen Weg einschlägt, um geliebt und geachtet zu werden. Es ist eine Einbahnstraße, die endlos werden kann für denjenigen, der das Prinzip nicht erkennt.

Für viele Frauen hängt das Gefühl für den eigenen Wert davon ab, ob andere sie schätzen. Kommt aus dem Umfeld keine Resonanz, so legen sie noch einen Gang zu. Immer mehr, immer schneller, immer besser – die Spirale dreht sich höher und höher. Und all das, um sich gut zu fühlen, um sich bestätigt zu sehen, anstatt die eigene Leistung richtig einzuschätzen, zu werten und darauf stolz zu sein.

Checkliste »Gefühle«

Prüfen Sie deshalb:

- Haben Sie gefühlsmäßige Defizite?
- Fühlen Sie sich nicht richtig geliebt, nicht ganz angenommen?
- Sind Sie einsam und allein?
- Wie sehen Ihre Beziehungen aus?
- Können Sie mit Ihrem Partner reden, hat er Verständnis, nimmt er sich Zeit für Sie?
- Hilft er Ihnen nicht nur mit guten Ratschlägen, sondern auch mit Taten?
- Haben Sie wirkliche Freunde, die für Sie da sind?
- Wer ist Ihr Notfallhelfer?
- Für wen sind Sie da?
- Kann man sich auf Sie verlassen?

- Können Sie über Ihre Gefühle sprechen?
- Brauchen Sie Bestätigung von anderen, um sich gut zu fühlen?
- Ist Ihnen Ihre Leistung nur dann etwas wert, wenn sie von anderen Menschen anerkannt wird?
- Können Sie von sich sagen: Ich mache meine Sache gut?
- Tun Sie das auch?

Gefühle und Überzeugungen spielen eine wichtige Rolle in unserem Verhalten!

Auch wenn es jetzt für Sie ein wenig kleinkariert aussehen mag, weil Sie die folgende »Aufgabe« eher an Buchhaltung erinnert, sollten Sie dennoch einmal eine Bilanz erstellen: Notieren Sie genau, was Sie für andere tun und was andere Ihnen geben. Und ebenso wie bei einer guten Beziehung (geschäftlich oder privat), sollte eine gewisse Ausgewogenheit zwischen eigenem Engagement und der Aufmerksamkeit anderer, zwischen Geben und Nehmen herrschen.

Bettina ist Journalistin, verkehrt in den so genannten Schickimicki-Kreisen. Helma ist vor einigen Jahren nach München gezogen und hat Bettina bei gemeinsamen Freunden kennen gelernt. Bettina gefällt ihr, außerdem würde sie irrsinnig gerne über Bettina Zugang zu dieser Gesellschaftsschicht bekommen, zumal sie in ihrer Heimatstadt Hamburg in ähnlichen Kreisen verkehrte. Helma ist mehr als freundlich zu Bettina, interessiert sich für ihre Arbeit und sammelt Informationen zu den Themen, an denen Bettina gerade arbeitet. Sie durchforstet Bibliotheken, nimmt Fernsehsendungen auf, sammelt Artikel und sucht in ihrem Bekanntenkreis nach Ansprechpartnern für Bettina. Bettina wird von Helma geradezu mit Aufmerksamkeiten dieser Art überschüttet. Zwar bedankt sich Bettina freundlich bei Helma, aber das ist auch alles. Den ersehnten Zugang zu Bettinas Kreisen findet sie auf diese Weise nicht, außerdem macht Bettina auch keinerlei Ansätze, den Kontakt zu Helma überhaupt zu pflegen oder zu vertiefen. Und das braucht sie ja auch gar nicht. Helma kann auf diese Art und Weise weder Bettinas Aufmerksamkeit noch ihre Sympathie gewinnen. Schlimmer noch, sie wird kaum von Bettina wahrgenommen.

Aufopferung bewirkt das Gegenteil

Mangelndes Selbstwertgefühl und den verständlichen Wunsch nach Zugehörigkeit, Zuwendung und Wertschätzung versuchen Martha und Helma zu kompensieren, indem sie sich für andere – Familie, Freunde, aber auch im Beruf – aufopfern. Sie tun viel zu viel, investieren Energie, Zeit und Gefühle und hoffen, als Belohnung für ihr außergewöhnliches Engagement das zu erhalten, was ihnen am meisten in ihrem Leben fehlt: das Gefühl, geschätzt, wichtig und geliebt zu sein.

Leider geht diese Rechnung niemals auf, denn Selbst-wertgefühl, Selbst-bewusstsein und Selbst-achtung kann man nur – wie schon die Worte deutlich machen – in sich selbst finden. Folglich können Martha & Co. sogar die Welt für die Menschen, von denen sie geschätzt werden wollen, aus den Angeln heben. Es wird sich dennoch nichts Gravierendes verändern. Erst wer sich selbst annimmt, sich akzeptiert und lernt, sich selbst zu schätzen, wird sich und damit automatisch die Situation verändern. Dann wird Marthas innere Veränderung eine Veränderung im äußeren Bereich bewirken. Sich kennen zu lernen, seine Stärken und auch Schwächen als einen Teil der Persönlichkeit zu akzeptieren, seine Wünsche und Bedürfnisse zu äußern und danach zu leben, Pflichten zu übernehmen, aber auch Ansprüche und Forderungen an andere zu stellen – all das gehört zu einem gesunden Selbstbewusstsein, basierend auf dem Gefühl für den eigenen Wert, der eigenen Wertschätzung. Wenn eine Mutter glaubt, ihren Zöglingen alle Wünsche von den Augen ablesen zu müssen, wenn eine Frau klaglos zusätzlich zu Job und Kindern für den Herzallerliebs-

In einer guten Beziehung, privat oder geschäftlich, sollte immer eine Ausgewogenheit zwischen Geben und Nehmen bestehen.

ten auch noch Termine vereinbart, dann erhält sie nicht etwa Dank oder Anerkennung – nein, sie bekommt noch mehr zu tun!

Aus Angst, das zu verlieren, was man hat oder glaubt zu haben, wie Zuneigung, Beziehungen, Jobs oder Aufträge, lassen viele Menschen sich ausnutzen. Sie meinen, einen Partner halten zu können, wenn sie ihm nicht widersprechen, wenn sie alles tun, was er will – sie befürchten, der Teeny würde ausziehen, wenn man ihm Vorschriften macht, sie hoffen, den Job zu behalten, wenn sie nur alles tun, wie es ihnen angeordnet wird. Sie wagen nicht, ihre konträre Meinung zu äußern oder ihren Anspruch auf Ausgleich der vielen Überstunden anzumelden. Sie haben nicht den Mut, »STOPP – das geht zu weit« zu sagen. Aus Furcht, einen Kunden zu verlieren, trauen sie sich nicht, die Preise zu erhöhen, obwohl die Lieferantenkosten gestiegen sind. Und was passiert? Diejenigen, die sich mit ihrem Partner auseinander setzen, die eigene Bedürfnisse in einer Beziehung anmelden und leben, werden respektiert. Sie werden be- und geachtet. Die Mutter, die ihren Kindern Grenzen setzt, mag zwar manchmal mehr Zoff hervorrufen, aber sie wird respektiert. Diejenigen, die in der Firma ihre Rechte wahrnehmen, werden weniger mit Überstunden betraut, werden eher befördert und seltener angegriffen. Und die Konkurrenzfirma ist trotz jährlicher Preiserhöhung auch noch nicht Pleite gegangen. Was lernen wir daraus? Stellen Sie Ihre Forderungen! Werden Sie sich Ihres Wertes bewusst!

Vertreten Sie Ihren Standpunkt nachdrücklich. Damit schaffen Sie sich Respekt und Sie gewinnen. Wenn Sie jedoch immer nachgeben, werden Sie zum Verlierer.

»Lieber Wolf als Schaf«, sagt sich Helma nach dem traurigsten Silvester, das sie heulend allein zu Hause verbrachte, und zieht Bilanz:

- Warum tue ich das alles für andere Menschen?
- Wo bleibe ich?
- Was bekomme ich für meinen Einsatz auf allen Ebenen?

- Warum will ich geliebt werden?
- Von wem und zu welchem Preis?
- Wer bin ich selbst?
- Was bin ich mir selbst wert?
- Schätzen andere Menschen meinen Wert?
- Woran erkenne ich das?
- Was tue ich zu meiner »Wert-Steigerung«?

Eine ehrliche Antwort kann wehtun, aber dieser Schmerz ist der Beginn eines Heilungsprozesses.

Bist du nicht willig …

Ähnlich läuft es bei der emotionalen Erpressung ab, auch hier ist der (die) Schwächere das Opfer. In alten Filmen können wir Szenen wie diese noch bewundern: Der Held bringt seiner Geliebten bei, dass er aus familienpolitischen Gründen nicht sie, sondern die reiche Gräfin heiraten muss. Wir sehen den entsetzten Blick in ihrem Gesicht, dann kullern ihr schon die ersten Tränen über die Wangen. Die Geliebte weint so fotogen und überzeugend und unter Schluchzen haucht sie: »Ohne dich kann ich nicht leben, mein Leben hat keinen Sinn mehr«, und sie nähert sich dem offen stehenden Fenster. Unser Held ist nicht dumm und erkennt sofort ihre Absicht. Kann er glücklich werden mit der anderen? Kann er leben mit der Mitschuld am Freitod seiner Herzallerliebsten? Natürlich kann er das nicht und so wird er lieber für den Namen der Familie mit Waffen kämpfen, als sich mit einer ungeliebten Person verheiraten zu lassen … Heute stellt man emotionale Erpressung subtiler dar.

Frauen neigen dazu, sich emotional erpressen zu lassen. Wir wollen es allen recht machen, wollen, dass man uns liebt … und machen, was wir eigentlich nicht wollen.

Isa hat zeitlebens eine gute Beziehung zu ihren Eltern, konnte mit ihnen reden und gegenseitige Hilfe war eine Selbstverständlichkeit. Das blieb auch so, als Isa aus beruflichen Gründen für einige Jahre ins Ausland ging. Sie hat die kleine Wohnung behalten und ihre Eltern kümmerten sich um alles, was so im Lauf der Zeit anfiel. Dann kommt Isa wieder zurück und einige Monate später stirbt ihre Mutter.

Machen Sie sich klar, wofür Sie wirklich verantwortlich sind, wofür Sie sich nur verantwortlich fühlen und womit Sie eigentlich überhaupt nichts zu tun haben.

Der Vater – noch ganz die alte Generation, in der ein Mann mit dem Haushalt nichts zu tun hatte – kann weder kochen, noch ist er sonst zu irgendeiner praktischen Tätigkeit fähig. Außerdem gibt er sich ganz der Trauer hin, verfällt in Selbstmitleid und totale Passivität. Isa ist beruflich voll gefordert, muss oft ganz Deutschland bereisen und kann sich schon aus zeitlichen Gründen nicht so um den Vater kümmern, wie er es sich wünscht. Sie hat bereits Probleme mit ihrem Freund, der sich etwas mehr gemeinsame Aktivitäten vorstellt und über die veränderte Situation nicht gerade glücklich ist.

Die Belastung für Isa ist enorm: Starke berufliche Anforderungen, ein Partner, für den sie mehr Zeit und Muße haben will und nun noch ihr Vater, der fremde Hilfe ablehnt, der vor vollem Kühlschrank verhungern würde – wie er gern und oft behauptet – und dessen Gesundheitszustand auch nicht der beste ist. Am meisten aber belastet sie, dass ihr Vater von ihr – unausgesprochen – erwartet, ganz für ihn da zu sein. Am liebsten wäre es ihm, sie würde bei ihm einziehen, ihm den Haushalt machen und abends mit ihm vor dem Fernseher sitzen. Isa organisiert eine Haushaltshilfe, aktiviert alte Freunde der Familie, die sich verstärkt um den Vater kümmern.

Aber das ist es nicht, was er will. Er will jetzt seine Tochter, für die er sein ganzes Leben so viel getan hat – wie er immer betont. In den ersten Monaten nach dem Tod der Mutter versucht Isa natürlich, so viel Zeit wie möglich mit ihm zu verbringen. Dann zieht sie sich langsam zurück, sie muss sich verstärkt ihren eigenen Aufgaben widmen, die sie durch die veränderte Situation vernachlässigt hat. Vaters Reaktion kommt prompt: Notarzt – Verdacht auf Schlaganfall. Und seine Rechnung geht auf. Isa zieht tatsächlich für ein paar Tage zu ihm; er blüht auf. Als Isa dann wieder in ihre eigene Wohnung wechselt, lässt sich Vater erst so richtig gehen. Er sagt seine Termine für Massagen und Krankengymnastik ab, seinen Rückenschmerzen bekommt das natürlich nicht, sein Gang wird schleppender und bald muss er den Stock zu Hilfe nehmen. Für Isa wird er zum personifizierten, wandelnden Vorwurf. Verbringen sie ein Wochenende zusammen, strafft sich seine Haltung und sein Schritt wird wieder dynamischer; er hat keine Beschwerden, das Essen schmeckt ihm und es ist offensichtlich, dass er sich wohl fühlt. Kaum zurück in seiner Wohnung, verändert sich das Bild schlagartig: ein alter, kranker, gebrochener Mann.

An Isa geht dies natürlich nicht spurlos vorbei. Sie liebt ihren Vater und möchte, dass er Freude am Leben hat. Und das hat er nur, wenn sie sich um ihn kümmert, für ihn da ist. Dass ihr Vater sie emotional erpresst, ist Isa zwar klar. Und praktische, vernünftige Argumente, warum sie sich nicht erpressen lassen will, gibt es reichlich. Doch sie weiß nicht, wie sie mit den Schuldgefühlen fertig werden soll.

Gerade in der Eltern-Kind-Beziehung ist es besonders schwierig sich abzugrenzen, ohne schlechtes Gewissen das eigene Leben leben. Erklären Sie das Ihren Eltern in ruhigen Gesprächen.

Es ist leicht, die Gefühle anderer Menschen zu seinem eigenen Vorteil auszunutzen. Eine geschickte Methode ist es, demjenigen, der nicht tut, was man will, deutlich zu zeigen, wie schlecht es einem dadurch geht. Dem anderen einfach ein schlechtes Gewissen zu machen, obwohl dafür kein Grund vorliegt. Frauen sind so programmiert, dass sie sowieso erst einmal die Schuld bei sich suchen. Sie werden leicht zum Opfer der emotionalen Erpresser.

Emotionale Erpressung ist es auch, wenn Mütter sich das Wohlverhalten der Kinder sichern, indem sie jedes Mal einen Migräneanfall bekommen, sobald die Kleinen sich prügeln, oder immer dann, wenn der Partner (angeblich) nicht konzentriert arbeiten kann, Frau nicht jede Nacht von ungezähmter Lust besessen ist oder wenn der Liebste nicht gepflegt gekleidet ist, weil sie seine abgetretenen Schuhe nicht zum Schuster gebracht hat.

Schuldgefühle

Schuldgefühle kennen Sie wahrscheinlich alle zur Genüge. Wie leicht ist es doch, uns Frauen Schuldgefühle zu vermitteln!

Wir fühlen uns schuldig,

- wenn unser Sohn eine schlechte Arbeit geschrieben hat: Wir haben nicht genügend mit ihm gelernt;
- wenn unter dem Sofa Wollmäuse herumwirbeln: Wir sind zwar im Beruf top, aber für den Haushalt sind wir auch zuständig;
- wenn bei unserer Einladung die Stimmung nicht bombastisch ist: Wir haben vielleicht die falschen Leute eingeladen;
- wenn die Gartenparty verregnet ist: Wir haben den falschen Zeitpunkt gewählt;
- wenn der Freund mürrisch ist: Wir haben ihn mit einer Bemerkung verärgert;
- wenn wir fast einen Unfall bauen: Wir hätten mit der Dummheit anderer rechnen müssen.

Schuldgefühle lassen sich fast grenzenlos entwickeln ...

ABER: Sind Sie wirklich schuld,

- wenn der Sohn eine schlechte Note bekommt? Oder hat er vielleicht selbst nicht genug getan, in der Schule nicht aufgepasst?
- wenn es Wollmäuse bei Ihnen gibt? Braucht man für die Bedienung eines Staubsaugers ein Diplom, das nur Sie besitzen?
- wenn die Leute bei der Party träge sind? Sind vielleicht Ihre Gäste einfach nicht gut drauf oder hat ein Wetterumsturz sich auf das Temperament ausgewirkt?

- wenn es regnet? Hat der Wetterbericht denn sonst immer Recht gehabt?
- wenn der Freund mürrisch ist? Vielleicht hatte er Ärger im Büro, ist mit dem falschen Fuß aufgestanden oder hat einfach seinen schweigsamen Tag.
- wenn Sie fast einen Unfall gebaut hätten? Auch andere müssen sich an die Regeln halten, auch sie müssen mal flexibel reagieren.

Sie sind nicht für alles verantwortlich!

Denken Sie ernsthaft darüber nach, in welchen Fällen Sie eine Situation wirklich zu verantworten haben. Bauen Sie falsche Schuldgefühle ab, denn Sie schaden sich selbst damit ganz massiv! Wenn Sie sich nämlich nicht mehr schuldig fühlen, dann agieren Sie ganz anders. Sie werden lieber Ihrem Sohn seine Eigenverantwortlichkeit bewusst machen, den anderen Familienmitgliedern feste Aufgaben im Haushalt übertragen und bei einer Party nicht auf Teufel komm raus Stimmung schaffen wollen. Sie werden ganz einfach akzeptieren, dass es heute nicht so gut läuft, obwohl Sie alles dafür getan haben. Wenn 20 Personen anwesend sind, dann sind auch 20 Personen für die Stimmung zuständig und nicht allein Sie!

Sie werden sich viel besser fühlen, wenn Sie nicht die alleinige Verantwortung für jede Situation übernehmen. Stoppen Sie diesen Automatismus, checken Sie die Fakten und lassen Sie falsche Schuldgefühle los.

Ist Ihr Bester mürrisch, dann hat er die Möglichkeit, Ihnen den Grund dafür zu nennen oder aber die schlechte Laune abzubauen. Nicht Sie allein bestimmen – lassen Sie andere Menschen »leben« und lassen Sie andere die Verantwortung für ihr Verhalten übernehmen. Sie werden sich sehr viel wohler und freier fühlen. Es gibt keinen Grund, dass Sie die Schuld tragen an jeder misslichen Situation oder für alles, was nicht so recht gelingt.

Denn – ist Ihnen schon einmal aufgefallen, wie wenige Menschen Sie zu dem beglückwünschen, was gut gelaufen ist? Entweder wird es als selbstverständlich erachtet oder aber andere brüsten sich als Verursacher des Erfolgserlebnisses. Pflegt Ihr Chef nicht häufiger zu sagen »Ich habe einen guten Auftrag erhalten« als »Wir haben den Auftrag erhalten, weil Sie prompt die Unterlagen verschickt oder den Kunden durch Ihre freundliche Art in eine gute Stimmung versetzt haben«? Hören Sie von Ihrem Mann nicht eher: »Der Geschäftsfreund ist ein Feinschmecker, und weil du die Nudeln hast verkochen lassen, ist mir der Auftrag flöten gegangen« als »Der Abend ist so gut gelaufen, weil du so ausgezeichnet gekocht hast. Deshalb habe ich den Auftrag erhalten«?

Überprüfen Sie Ihr Verhalten

Sie kennen solche Situationen nicht? Dann schreiben Sie doch einmal alle positiven und alle negativen Bemerkungen auf, die Sie in den letzten zwei Tagen über Ihr Verhalten gehört haben. Nehmen Sie ein Blatt für die positiven Bemerkungen und ein anderes Blatt für die negativen. Für welche Argumente werden Sie wohl mehr Platz brauchen?

Schreiben Sie auch einmal auf ein Blatt Papier, in welchen Situationen/Bereichen Sie sich schnell angegriffen bzw. schuldig fühlen. Analysieren Sie, wo Sie tatsächlich verantwortlich sind, wo Sie sich verantwortlich fühlen und was völlig aus Ihren Bereichen herausfällt. Ehrlich erstellte Listen machen deutlich, wie die Realität aussieht.

Geben Sie immer nach, nur um Ihre Ruhe zu haben? Aber haben Sie dann wirklich Ihre Ruhe vor lauter Ärger über Ihr eigenes dummes Verhalten?

Fahren Sie vielleicht jedes Jahr nur deshalb ins Gebirge, weil Ihr Mann ein passionierter Bergsteiger ist, dem kein Berg zu hoch, kein Weg zu weit und nicht einmal das Wetter zu schlecht sein kann, um jeden Tag einen neuen Gipfel zu erstürmen? Sie hecheln hinterher; es wird Ihnen manchmal fast übel vor Angst, wenn Sie über schmale Steige und an steilen Abhängen vorbeigehen müssen. Wenn Sie aber ans Meer fahren, wo Sie in Ihrem Element sind, ergeht es Ihnen auch nicht viel besser. Zwar lieben Sie das Wasser und fühlen sich so richtig gut am Strand. Doch dann ist Ihr

Mann fast jeden Tag schlecht gelaunt, findet selbst im tollsten Hotel noch etwas auszusetzen. Das Meer ist zu kalt, zu warm, die Wellen zu hoch oder das Wasser ist zu ruhig. Außerdem bekommt er gleich am ersten Tag einen Sonnenbrand, obwohl er auf dem Gletscher nie Probleme mit der Sonne hat. Er tritt in den Seeigel, holt sich eine Magenverstimmung oder einen Muskelkrampf beim Schwimmen. Nein – Urlaub am Meer ist gestrichen. Wo ist der nächste Berg?

Ihre Tochter ist Legasthenikerin. Wenn sie nicht die Baby-G-Uhr bekommt, dann kann sie nicht bei ihren Freundinnen mithalten – so lautet ihr Argument. Natürlich braucht die Kleine eine Finanzspritze. Babysitten kommt für sie nicht in Frage, weil sie ja lernen muss. Sie ärgern sich zwar, wenn Sie ihr schon wieder Geld zuschießen, aber irgendwie sind Sie auch beruhigt, denn das Kind wird nicht »belastet«. Geben Sie hingegen kein Geld, sind Sie endlich einmal strikt und die Leistungen in der Schule lassen dann nach, haben Sie sofort ein schlechtes Gefühl, weil Sie dem Töchterchen eine »Belastung im Freundeskreis« zugemutet haben und Ihr Sensibelchen das nicht verkraftet. Und außerdem ist sie ja in einer kritischen Entwicklungsphase, entschuldigen Sie Ihre Inkonsequenz. Achtung: Die emotionale Erpressung ist in vollem Gange!

Die »Erpresser« kennen Ihre Schwachstellen und nutzen dies geschickt aus. Finden Sie eine sachliche Ebene und klären Sie so die Situation.

Ihr Sohn Peter ist intelligent, aber stinkfaul. Es kommt zu vielen Auseinandersetzungen, bei denen er Ihnen gern den Satz an den Kopf wirft: »Meine Noten sind so schlecht, weil dir dein Job wichtiger ist als ich!« Das wirkt – und Peter weiß das. Dass Peter lieber zum Skaten geht als zu büffeln, haben Sie in diesem Augenblick verdrängt. Sie werden milde gestimmt (oder erpresst) – Peter hat mal wieder gewonnen.

Zum Erpressen gehören immer zwei

Egal ob es um Kindererziehung geht, um Urlaub oder Freizeitgestaltung: Wenn Sie Ihre Wünsche durchsetzen und sich dann ein schlechtes Gewissen verpassen lassen, wenn Partner, Freunde, Familie oder auch Kollegen in Ihnen Schuldgefühle erwecken, dann ist die Frage angebracht: Warum lassen Sie sich so leicht erpressen? Zur Erpressung gehören immer zwei – der Erpresser und das Opfer. Welche Mechanismen wirken in Ihnen?

Checkliste »Emotionale Erpressung«

Fragen Sie sich:

- Wo bleibt eigentlich meine Vorstellung vom Leben, von der Kindererziehung, von der Freizeitgestaltung?
- In welchen Bereichen ordne ich mich besonders unter oder nehme mich ganz zurück?
- Tue ich das freiwillig oder unter (leichtem) Druck?
- Was empfinde ich als emotionalen Druck?
- Bin ich leicht erpressbar?
- Wenn ja, bei wem und warum?
- Bin ich mir überhaupt bewusst, dass ich erpresst werde?
- Wie oft tue ich das, was ich wirklich will?
- Verursachen Vorwürfe in mir ein schlechtes Gewissen?
- Habe ich schnell ein schlechtes Gewissen, wenn ich nicht tue, was andere von mir erwarten?
- Wie gehe ich mit ungerechten Vorwürfen um?
- Wie fühle ich mich, wenn ich zugeben muss, dass ein Vorwurf gerechtfertigt ist?
- Kann ich sachlich abwägen, problemlos ungerechtfertigte Anschuldigungen loslassen?
- Oder reagiere ich zu emotional?

Das Prinzip »emotionale Erpressung« funktioniert in vielen Fällen (allzu) gut.

Wenn Sie erkennen, wie groß Ihre Bereitschaft ist, sich erpressen zu lassen, können Sie das leichter ändern.

»Nichts würde ich lieber tun, aber leider ...«

Mit diesem Satz sind wir bei der Fortsetzung des letzten Kapitels. Der Göttergatte würde ja so gerne mit Ihnen an den Strand fahren, aber leider, leider kann er gerade zu der Zeit, die für den Urlaub an der Nordsee ideal wäre, nicht frei nehmen. Oder die Kollegin, die selbstverständlich gerne die Urlaubsvertretung für Sie übernehmen würde – aber leider geht zu dieser Zeit die Schwester ins Krankenhaus und sie muss die Kinder hüten. Das kann natürlich einmal vorkommen, aber wenn wir jedes Jahr mit ähnlichen Argumenten abgeschmettert werden, dann kann da etwas wohl nicht so ganz stimmen, oder?

»Er muss nur zweimal mit einem verwelkten Salat, mit überalterter Sahne oder grauem Fleisch nach Hause kommen – und schon kaufen wir wieder selbst ein.«

Da ist der Sohn, den wir endlich so weit haben, dass er im Haushalt einige Tätigkeiten übernimmt. Unglücklicherweise ist er so tollpatschig, dass die Anzahl der zu Bruch gegangenen Gegenstände den Vorteil seiner Hilfsleistungen bei weitem übersteigt. Oder unser Partner, der der einzige Mann in unserem Bekanntenkreis zu sein scheint, der eine Wand nicht streichen kann, obwohl er das liebend gern täte – wie er treuherzig beteuert. Bereits mit der Hausarbeit allein gelassen, lernen wir auch noch, die Wohnung zu tapezieren und Teppiche zu verlegen. Wir sind zwar verärgert, denn dafür müssen wir wieder einmal eigene Pläne zurückstellen, aber zumindest tröstet uns der Gedanke: Er würde ja die Arbeit machen, wenn er könnte ...

Können wir da nicht eine ganze Menge lernen? Wir sind immer willig und lernen auch gern noch etwas Neues dazu. Und was haben wir davon: noch mehr Arbeit. Denn während der Sohn sich in sein Zimmer zurückzieht, seine Lieblings-CD auf volle Lautstärke dreht, räumen wir das Geschirr ab. Und der Göttergatte trinkt lieber ein Bier im Bistro nebenan, weil er das Chaos in der Wohnung so schlecht ertragen kann, das während unserer Malerarbeiten entsteht. Oder der Partner, dessen Büro direkt neben dem Supermarkt liegt und der ohne Umweg und großen Zeitaufwand die Einkäufe erledigen könnte. Leider versteht er von Qualität gar nichts. Er muss nur zweimal mit einem verwelkten Salat, mit überalterter Sahne oder grauem Fleisch nach Hause kommen – und schon kaufen wir wieder selbst ein, fahren lieber kilometerweite Umwege zum Supermarkt. Funktioniert doch prima, diese Methode!

Lernen Sie, was Spaß macht!

Es ist durchaus lobenswert, lernbegierig zu sein. Wenn das aber dazu ausartet, dass Sie sich mit den neu erworbenen Fähigkeiten noch mehr Arbeit aufbürden, sollten Sie Ihr Lernprogramm vielleicht ändern.

Warum nicht von anderen lernen? Auch wir sind nicht mit mehr oder weniger Fähigkeiten auf die Welt gekommen als andere Menschen. Warum bestimmen wir dann nicht, was wir selbst tun wollen und welche Arbeiten andere übernehmen sollten, die mit uns leben und zusammenarbeiten. Lernen ist gut und schön, aber das Resultat sollte nicht so aussehen, dass wir aufgrund unserer Lernfähigkeit und unserer Lernwilligkeit (auch wenn sie nicht immer ganz freiwillig ist) immer noch mehr Aufgaben übernehmen. Lernen wir doch lieber etwas, was uns richtig Spaß macht und lernen wir lieber nicht zu viele Dinge, die uns zusätzliche Arbeit verschaffen. Lernen Sie stattdessen folgende Sätze, mit denen Sie sich freie Zeit für eigene Interessen schaffen:

1. Die bequeme Version:
   »Ich würde gerne, aber leider kann ich das nicht.«
2. Die selbstsichere Version:
   »Ich möchte nicht, weil ich etwas anderes tun will.«

Schaffen Sie die Aufgaben ab, die nicht in Ihren Zuständigkeitsbereich fallen bzw. die Sie von jetzt ab nicht mehr tun wollen. Listen helfen auch hier sehr gut. Gehen Sie wie folgt vor:

- Was möchten Sie künftig nicht mehr machen? Schreiben Sie alles auf, was Ihnen spontan einfällt, sortieren Sie die einzelnen Punkte nach Wichtigkeit.
- Markieren Sie die Punkte, die Sie unbedingt streichen möchten.
- Überlegen Sie nun bei jedem einzelnen dieser Punkte, ob Sie ihn streichen, delegieren oder anders organisieren können. Was ist realistisch, was nicht?
- Auf ein großes Blatt Papier schreiben Sie jetzt, welche Aufgaben/Tätigkeiten Sie keinesfalls mehr übernehmen wollen.
- Setzen Sie sich eine zeitliche Frist, bis wann der Plan in die Tat umgesetzt werden soll, dann überprüfen Sie jede Woche Ihre Fortschritte.

Mache ich in Zukunft nicht mehr	**Wird erledigt von**	**Zeitpunkt**	**Erfolgs-kontrolle**
Hund ausführen	Tim	ab sofort	
Chauffeurdienste für die Kinder	Tim /Vater	nach dem Urlaub	
Autopflege	Tim	sofort	
Rasenmähen	Vater	sofort	
die Garage sauber machen	Tim	sofort	
etc.			

Gefangen in der Opfer-Falle

Es gibt eine große Anzahl von Menschen, darunter mehr Frauen als Männer, die – glaubt man ihren Erzählungen – niemals in ihrem Leben etwas erreicht haben, weil sie immer als Opfer fungierten. Da gibt es Herrn Hummer, der immer einen Chef hat, der ihn nicht mag – egal bei welcher der 15 Firmen, in denen er bisher gearbeitet hat. Aus diesem Grund ist er auch nie zum Verkaufsleiter aufgestiegen. Frau Hurtig hatte noch nie einen Lover, der sie nicht ausnutzte; Frau Meierschön fand nie einen Frisör, der mit ihren Haaren umgehen konnte und Fräulein Fixmalheur kann arbeiten, so viel sie will – niemals erhält sie Lob und Anerkennung wie ihre Kollegin, die nur halb so viel leistet. Mutter Kleinert opfert sich permanent auf für den Mann, die Kinder, Eltern und Schwiegereltern. An sich selbst – bekennt sie – kann sie gar nicht denken, geschweige etwas für sich tun, weil sie niemals nur eine Minute Freizeit hat … Wie kommt das?

Zum Opfer wird man nicht, zum Opfer macht man sich! Wer die Verantwortung für sein Leben übernimmt, kann nicht zum Opfer werden …

So genannte »Opfer« haben im Allgemeinen ihre Rolle selbst gewählt. Meist handelt es sich um Menschen, die zu Passivität neigen und ungern Verantwortung übernehmen. Das stimmt nicht, werden Sie jetzt sagen: Herr Hummer hat eine verantwortungsvolle Position und muss als Vertreter sehr aktiv sein, will er überleben; Frau Hurtig ist eine lustige Frau, die aus dem Stegreif Partys organisiert.

Diese Argumente sind durchaus richtig. Die Passivität sowie der Mangel an Verantwortungsbereitschaft beziehen sich auf die spezifische Opfer-Situation: bei Herrn Hummer in der Karrieresituation, bei Frau Hurtig in der Liebesbeziehung. Von Kriminologen wissen wir um die Beziehung zwischen Opfern und Tätern. Das ist auch meist im nicht kriminellen Bereich der Fall. Herr Hummer kompensiert sein mangelndes Durchsetzungsvermögen damit, dass er die Schuld an der Stagnation seiner Karriere gern auf den Vorgesetzten schiebt.

Frau Hurtig wird immer nur von einem bestimmten Typ Mann angezogen – dem pathologischen Schmarotzer; Frau Meierschön besteht beim Frisör auf einer Dauerwelle, die ihre Haare schlichtweg ruiniert. Einwände des Frisörs werden abgeschmettert. Und Mutter Kleinert flieht vor ihrer eigenen Unfähigkeit, sich selbst zu beschäftigen, in die Rolle der Superhausfrau und -mutter.

Wer sein Leben selbst fest in der Hand hält und die Verantwortung für sein Handeln übernimmt, kann kaum zum Opfer werden, denn ein Opfer (= Passivität) überlässt immer dem Täter (= Aktivität) das Handeln. Ein Lieblingssatz von Opfern lautet: »Ich hatte keine Wahl.« Und damit ist wieder die Verantwortung abgegeben. Es gibt wenige Situationen, in denen der einzelne Mensch tatsächlich keine Wahl hat. Es gibt fast immer zwei Möglichkeiten, meist sogar mehr. Aber es muss eine Entscheidung getroffen, die Verantwortung übernommen werden. Opfer wählen ihre Rolle selbst, machen andere für die eigene Unfähigkeit in bestimmten Lebensbereichen verantwortlich, lassen andere über ihr Leben bestimmen, sind nicht in der Lage, aus Erfahrung zu lernen oder die Realität zu akzeptieren. Gern ergehen sie sich dann in Selbstmitleid.

Zum Opfer werden kann auch eine ganz bequeme »Masche« sein.

Werden Sie zum »Täter«!

Alles lässt sich ändern. Sollten Sie »opfer-gefährdet« sein, hilft eine »Beweisaufnahme«:

- Gibt es Bereiche in Ihrem Leben, in denen Sie sich als Opfer fühlen?
- Sind Sie selbst schuld an Ihrer Misere?
- Wenn ja, dann analysieren Sie diese Punkte/Bereiche:
  - Warum fühlen Sie sich einer Situation ausgeliefert?
  - Was können Sie ändern?
  - Wie sind Sie in diese Situation geraten?
  - Wer nutzt Sie aus?

- Wann geschah das zum ersten Mal?
- Neigen Sie generell zu Passivität?
- Was opfern Sie für Partner, Kinder, Eltern, Karriere?
- Warum tun Sie das?
- Was erhalten Sie als Gegenleistung?
- Ein reines Gewissen?
- Oder haben Sie sich für die Looser-Rolle entschieden?

Wenn Sie wissen, wie Sie in ein bestimmtes Rollenverhalten gerutscht sind, können Sie auch den Weg heraus eher finden.

Sich zu opfern fordert in jedem Fall mindestens ein Opfer, nämlich Sie selbst!

Ja sagen – Nein meinen

»Nein sagen, das kann ich nicht«, sagt Margret und lacht. Doch wenn man ihr Leben näher betrachtet, dann kann einem das Lachen glatt vergehen. »Liebling, kannst du heute den Hund ausführen, diesmal die Steuererklärung machen, das Auto von der Werkstatt abholen, mir ganz schnell das hellblaue Seidenhemd bügeln …«, hört sie ständig von ihrem Mann. Im Büro heißt es: »Frau Seifert, können Sie diese Unterlagen noch heute fertig machen, die kranke Kollegin vertreten, die Post für mich mitnehmen, morgen etwas früher kommen, den Bereitschaftsdienst für mich am Wochenende übernehmen?« Und natürlich kann sie. Und jeder weiß das – und nützt es aus.

Manchmal nimmt sie sich ganz fest vor: »Das nächste Mal sage ich Nein!« Wenn es dann soweit ist, schafft sie es wieder nicht.

Vor einem halben Jahr hat sie ihrer Freundin angeboten, ihr bei der Wohnungssuche zu helfen. Seitdem hat sie 30 Wohnungen besichtigt, kann die Mäkelei der Freundin nicht mehr hören. Einmal ist die Wohnung zu laut, dann zu dunkel, zu teuer, die Lage nicht günstig, die Garage fehlt. Die Wohnung, die ihre Freundin sucht, kann man sich nur selbst bauen. Aber Margret steht zu ihrem Wort, sagt tapfer »Ja!«, wenn die Freundin anruft und um Begleitung bittet. Und alles muss schnell gehen, denn sonst schnappt ein anderer vielleicht die Traumwohnung weg. Also muss auch Margret flexibel sein und ihre Pläne schnell umstellen. Sie ist verärgert, empfindet das Ansinnen ihrer Freundin als Zumutung, hat aber nicht den Mut, ihr zu sagen, dass es ihr schon lange reicht.

Auch im Büro reicht es ihr, denn sie ist die Einzige, die immer vor einem Berg Arbeit sitzt, die aushilft, einspringt, Überstunden macht. Aber sie scheut sich, auf eine Bitte mit einem klaren Nein zu antworten. Allein schon der Gedanke, dass sie sagen soll, sie könne diesmal keine Überstunden machen, verursacht ihr ein flaues Gefühl im Magen. Manchmal nimmt sie sich vor, das nächste Mal endlich »Nein!« zu sagen. Ist es dann so weit, schafft sie es wieder nicht. Ebenso ergeht es ihr im Privatleben. Oft hat sie eine richtige Wut auf ihren Mann, der sich das Leben auf ihre Kosten so bequem macht. Er hat zwar Zeit Golf zu spielen und kann bis spät in die Nacht Autorennen am Fernseher verfolgen. Aber wenn es um seine Beteiligung am Haushalt geht, hat er stets Wichtigeres zu tun.

Der Rückzug in Krankheit ist keine Lösung. Das Problem muss an der Wurzel angepackt werden: Selbsterkenntnis und Neinsager-Training.

Und selbst die kleine Tochter Sina hat Mutters Schwäche erkannt, was zur Folge hat, dass Margret öfter als geplant Sinas Freundinnen im Haus hat. Natürlich bringt Margret die Kinder auch nach Hause, räumt dann allein das verwüstete Kinderzimmer auf, während Sina in aller Ruhe mit dem Hund spielt. Selbstverständlich muss Klein-Sina alles haben, was die Freundinnen haben, und Margret hetzt durch die Geschäfte, um die Wünsche der Tochter zu erfüllen.

Wenn es Margret irgendwann wirklich zu viel wird, dann zieht sie sich zurück – auf ihre Weise: Sie wird krank und entzieht sich damit den Anforderungen und Wünschen anderer. An solchen Tagen erholt sie sich von der Überlastung. Ist sie dann wieder einsatzfähig, sagt sie wieder Ja zu jedem Ansinnen.

Wir können es nicht allen recht machen!

Warum verhält sich Margret so? Aus mangelndem Selbstbewusstsein, aus Angst, durch eine Ablehnung Nachteile zu haben, in unangenehme Gespräche verwickelt zu werden oder etwas zu verlieren – den Partner, den Job, das Wohlwollen des Chefs und der Kollegin ... Das Wertvollste allerdings bleibt bei einer solchen Verhaltensweise auf der Strecke:

Dem Jasager hilft man nicht. Dem Jasager bringt man keine Anerkennung entgegen. Also: Sagen Sie endlich Nein, wenn Sie Nein meinen!

Das Bewusstsein für den eigenen Wert, für das Selbstwertgefühl.

Würde Margret ihrem Mann ab und zu sagen, dass er sein Hemd selbst bügeln oder das Auto selbst abholen muss, würde sie ihrer Kollegin sagen, dass sie mit ihrer eigenen Arbeit ausgelastet ist und nicht noch in einer anderen Abteilung mithelfen kann – würde sie einmal laut und deutlich Nein sagen – alle wären starr vor Erstaunen. Sie würden Margret mit anderen Augen betrachten, ihren Wert erkennen, ihre Leistung anerkennen und sie entsprechend achten und beachten.

Wenn ein notorischer Jasager sich einmal ein Herz gefasst hat und Nein sagt, wenn er »Nein!« meint, wird er ein unglaublich befreiendes Gefühl verspüren. Die befürchtete Reaktion tritt nämlich nicht ein. Vielmehr erlebt er, dass er nicht ignoriert, beschimpft oder gekündigt wird – genau das Gegenteil tritt ein: Er erfährt Achtung und Respekt.

Die Folgen

Jill kann nur noch in Terminen denken, Saskia reagiert auf jede noch so harmlose Frage sofort mit einer Entschuldigung oder Verteidigung, je nachdem, wer mit ihr spricht und zu welcher Tageszeit. Lore wippt dauernd mit den Füßen, ohne es überhaupt zu bemerken und Elkes Fingernägel – inzwischen total abgeknabbert – müssen herhalten, wenn sie wieder einmal nicht weiß, wie sie alles unter einen Hut bringen soll. Außerdem freut sich ihr Weinlieferant, denn die Bestellungen werden immer umfangreicher und häufiger. Annette schreit Mann, Kind und Hund an, wenn ihr alles zu viel wird. Hermine bricht in solchen Situationen weinend zusammen. Brigitte schluckt immer öfter Tabletten, wirkt dafür aber stets cool und beherrscht. Jeder reagiert auf seine Art und Weise auf die Doppelbelastung, den damit verbundenen Ärger und Stress, auf das schlechte Gewissen und die Selbstzweifel, die ständig an ihm (ihr) nagen.

Die Psyche streikt

Nervosität, Herzklopfen, Schlaflosigkeit – diese Symptome kennen wir alle zur Genüge. Da brauchen wir noch nicht einmal einer Doppel- oder Dreifachbelastung ausgesetzt zu sein. Allein zusätzliche Aufgaben im Beruf, die Vorbereitung auf eine Prüfung, Krankheit der Kinder, ständiger Ärger mit dem Partner oder ein Jobwechsel führen dazu, dass wir gestresst sind oder schlichtweg überfordert. Doch halten solche Zustände meist nicht allzu lange an. Wer einen Job richtig ausfüllen will, eine lebendige, harmonische Partnerschaft, einen funktionierenden Haushalt und dann noch wohlgeratene Kinder haben möchte, für den ist das Problem allerdings nicht in ein paar Wochen oder Monaten vom Tisch.

Dann können innere Unruhe, Gereiztheit, Zeitnot leicht zu ständigen Begleitern einer überlasteten Frau und Mutter werden. Auf Dauer geht das nicht gut, denn die psychischen Belastungen wirken sich auch körperlich aus und können zu massiven Erkrankungen führen. Vielleicht verspüren Sie ab und zu ein flaues Gefühl im Magen, wenn Ihnen alles zu viel wird; nach einigen Monaten wachen Sie oft schon mit Magenschmerzen auf. Das ist schon ein deutliches Signal, auf das Sie achten sollten. Ohne Veränderung der Lebensweise – oder der Lebenseinstellung – können Sie sich nämlich schnell ein ordentliches Magengeschwür einfangen. Psychosomatische Beschwerden sollten nicht auf die leichte Schulter genommen werden. Verspannungen, Kopfschmerzen, Menstruationsbeschwerden, Verstopfung oder Durchfall zeigen an, dass Sie auf dem besten Weg sind, sich zu viel zuzumuten oder sich schon mehr zugemutet haben, als verträglich für Sie ist. Ob Magen, Herz, Kreislauf oder Wirbelsäule – der Körper reagiert, wenn die Belastung zu groß wird. Hören Sie auf Ihren Körper, der Ihnen deutlich sagt: Stopp – bis hierhin und nicht weiter!

Ob Magen, Herz, Kreislauf, Wirbelsäule: Der Körper reagiert, wenn die Belastung zu groß wird. Hören Sie auf Ihren Körper, der sagt: Stopp! Bis hierhin und nicht weiter!

Aggression und Depression

Wer immer »unter Strom« steht, vor lauter Arbeit nichts anderes mehr wahrnimmt, wer nur noch in Terminen denkt, ständig von Gewissensbissen gepeinigt wird, hin- und hergerissen ist zwischen Sollen und Wollen, wer zu viel raucht oder trinkt und von einem Problem in das andere fällt, hat keine Ruhe, keine Zeit, keine Nerven mehr. Aus einer Mücke wird ein Elefant, jede Frage wird als Vorwurf empfunden und die Gereiztheit nimmt zu, schlägt dann irgendwann einmal in Aggression um. Frau kann nicht mehr klar denken, nicht mehr ruhig antworten, sondern schreit nur noch und geht zum verbalen Gegenangriff über. Nun kommen die Vorwürfe und Beschuldigungen von ihr. Klappt etwas nicht schnell genug, ist sofort die Stimme zwei Tonlagen höher und erschreckt stellen wir fest, dass wir manchmal der Karikatur keifender Weiber ähneln. Und nachts, wenn die Kinder schlafen sollten, geht es erst richtig los. Der Streit eskaliert, Frau ist nur noch ein wandelnder Angriff – die Argumente sind nicht mehr fundiert, es geht gar nicht mehr um das Thema, sondern nur noch darum, den »Gegner« – den Partner – zu verletzen. Manchmal bemerkt Frau auch, dass sie sich nicht mehr beherrschen kann, dass etwas in ihrem Inneren zu explodieren scheint, dass Wut, Ärger, Frust, Enttäuschung in Aggression umschlagen. Kein Problem lässt sich auf diese Weise lösen. Aggression – die zerstörerische Energie – macht die Krise zur Katastrophe.

Lassen Sie nicht zu, dass Aggressionen Ihr Leben beherrschen. Aggressionen sind ein schlechter Partner. Aggressionen machen krank – physisch und psychisch.

Je nach Persönlichkeitsstruktur kann eine ständige Überlastung in Aggression oder in Depression enden. Letztendlich ist Depression nichts anderes als eine nach innen, nämlich gegen sich selbst gerichtete Aggression. So geht es den stillen depressiven Typen nicht besser als den lauten aggressiven. Depression hat zur Folge, dass Frau nicht mehr »leistungsfähig« ist, die täglichen Aufgaben nicht mehr bewältigen kann, immer mehr in sich zusammenfällt und jede Energie verliert. Sie sieht keinen Weg mehr, alles ist nur noch Grau in Grau. Ärztliche und therapeutische Hilfe ist hier angesagt.

Die Angst, zu versagen

Angst kann eine Ausdrucksform von Überlastung sein. Angst, es nicht zu schaffen, Angst, zu spät zu kommen, Angst davor, die Kinder zu vernachlässigen, Angst davor, eine falsche Entscheidung zu treffen, Angst, dass eine Kleinigkeit alle Pläne durcheinander bringt ... Angst ist deshalb so fatal, weil sie Besitz von uns zu ergreifen scheint. Allein der Gedanke, dass wir den Job nicht bekommen könnten, den wir so dringend brauchen, dass das Kind sich im Kindergarten nicht einfügen kann und wir deshalb nicht zur Arbeit gehen könnten, verursacht Herzklopfen, lässt uns schneller atmen und bringt unsere sonst so positive Einstellung ins Wanken. Lassen wir Angst gewähren, dann breitet sie sich schnell in unserem Leben aus. Zunächst ist es die diffuse Angst, dass etwas schief läuft. Wenn wir nichts dagegen unternehmen, bemerken wir vielleicht erst nach einer ganzen Weile, dass wir nicht nur Angst in einem Bereich haben, sondern in allen möglichen Situationen ängstlich geworden sind. Bis eines Tages die Angst das ganze Leben bestimmt. Angst entsteht oft aus dem Gefühl, überfordert zu sein, es nicht schaffen zu können. Angst lähmt, reduziert die ohnehin schon verminderte Energie und schnell ist Frau in einem Teufelskreis.

Der Begleiter »Angst« bringt unser ganzes Leben durcheinander. Wir geraten in einen Teufelskreis, aus dem wir nur sehr schwer wieder herauskommen.

Machen wir uns bewusst: Angst ist ein ganz natürliches Gefühl, um uns vor Schaden zu bewahren. Angst davor zu haben, aus dem dritten Stock zu springen, ist eine normale Angst. Von dieser Art der Angst sprechen wir hier nicht. Es geht um die Angst, die aus einer Überforderung, aus einer anhaltenden Krisensituation entsteht, die aber an sich unbegründet ist. Es geht um die Angst, die richtig krank machen kann – psychisch und physisch.

Der Teufelskreis wird größer und größer

Hinzu kommt, dass niemand ruhig und konzentriert arbeiten kann, wenn er Angst hat, weil er ständig in Anspannung ist. Fehler schleichen sich schneller und häufiger ein. Diese Fehler müssen behoben werden. Das kostet Zeit, der Druck erhöht sich, denn: Fehler verunsichern.

Dadurch entsteht eine zusätzliche psychische Belastung, egal ob es sich um Fehler bei der Berechnung zur Finanzierung einer Immobilie oder um eine überzogene Reaktion im Umgang mit Menschen handelt.

Margie arbeitet zwar nur bis 14 Uhr in der Anwaltskanzlei, aber während ihrer Arbeitszeit erledigt sie so viel wie die Kolleginnen während eines 8-stündigen Arbeitstages. Gerne würde sie die eine oder andere Sache abgeben, aber sie kann sich nicht durchsetzen und riskierte, den Job ganz zu verlieren, wenn sie zu hoch pokert. Sie merkt, wie ihre Nerven dünner werden, wenn die Unterlagen sich auf ihrem Schreibtisch stapeln. Besonders schlimm ist es, wenn sie pünktlich zu Hause sein muss, weil die kränkelnde Schwiegermutter sich nicht wohl fühlt und die Kinder mittags nicht versorgen kann. An solchen Tagen schaut sie ständig auf die Uhr, versucht, schneller zu arbeiten, und bemerkt, dass sie sich viel häufiger vertippt als sonst. In letzter Zeit musste sie deshalb mehrfach Unterlagen noch einmal komplett Korrektur lesen – ein weiterer Zeitverlust. Sie fühlt sich verunsichert. Früher ist ihr dies nie passiert. Sie war für ihre perfekten Schriftstücke bekannt. Und nun das!

Bürden Sie sich nicht immer mehr auf, um Ihr schlechtes Gewissen zu beruhigen. Denken Sie daran: Auch Sie brauchen Ruhepausen!

Margie hat ein schlechtes Gewissen, weil die Qualität ihrer Arbeit nachlässt. Sie versucht, dieses Problem zu lösen, indem sie sich zwingt, langsamer zu schreiben und sich besser zu konzentrieren. Doch das kann sie nicht lange durchhalten. Sie tippt, so schnell sie kann, mit dem Blick auf die Uhr und den Aktenstapel, immer seltener kann sie pünktlich gehen. Nervös und mit sich und ihrer Situation unzufrieden, kommt sie nach Hause, schreit die Kinder an, wenn sie nicht gleich antworten, wenn die Hausaufgaben nicht schnell genug gemacht werden. Besonders schlimm wird es, als die kleine Tochter sich in der Schule verschlechtert und Margie mit ihr lernt. Alles geht Margie zu langsam; sie schreit die Kleine an, wenn sie nicht sofort begreift. Das Kind erstarrt, ist gar nicht mehr fähig, zu denken oder sich auf die Worte der Mutter zu konzentrieren. Sie fühlt sich nur noch unwohl, blockt einfach ab. Margie kann nicht mehr und verliert immer häufiger die Beherrschung. Gebeutelt vom schlechten Gewissen und voller Selbstvorwürfe, findet sie nachts keine Ruhe mehr – wenig Schlaf, die Nerven liegen noch blanker …

Ein schlechtes Gewissen wird gern durch Mehrleistung kompensiert. So versuchen viele Frauen, die beruflich stark engagiert und häufig nicht zu Hause sind, in der wenigen Zeit, die sie mit der Familie verbringen, besonders aktiv zu sein. Sie überlasten sich durch Kinderpartys, Einladungen, ausgedehnte Einkaufsnachmittage, anstatt sich zu erholen und auch etwas für sich selbst zu tun, zu sich selbst zu kommen. Eine schnelle Umschaltung von Beruf auf Privatleben und umgekehrt – darauf haben sie sich spezialisiert – und dabei vergessen, dass auch sie eine Ruhepause benötigen.

Ein schlechtes Gewissen lässt sich nicht durch noch mehr Leistung beheben. Hartnäckig kehrt es zurück.

Und anstatt dann wenigstens den Urlaub auf eine Art und Weise zu verbringen, in der Körper, Geist und Seele einmal zur Ruhe kommen können, wird eine Studienreise gebucht, bei der man jeden Tag das Hotel wechselt, bereits in der Frühe um 6 Uhr am Flughafen sitzt, um nach endlosen Besichtigungstouren in brütender Hitze abends erschöpft ins Bett zu sinken. Oder aber es ist ein Abenteuerurlaub angesagt, bei dem Frau im Zelt schlafen, Kräuter sammeln und an nächtlichen Wanderungen mit dem Kompass teilnehmen muss, weil der Partner endlich einmal seinen Jugendtraum vom Indianerleben verwirklichen will.

Ärger macht alles nur noch ärger

Ist Ihnen schon einmal aufgefallen, was die klassischen Ärger-Typen auszeichnet? Als Ausgleich für die innere Unzufriedenheit mit uns selbst, die wir nicht wahrhaben wollen, ziehen wir es vor, uns ständig über alles und jeden zu ärgern. Jeder Anlass muss herhalten, damit Frust in Form von Ärger abgebaut werden kann. Ärger beginnt nicht beim anderen, sondern erst einmal bei sich bzw. in sich selbst. Das Gefühl, vom Leben benachteiligt zu sein, nur Arbeit und kein Vergnügen zu haben, das Gefühl, ausgenutzt und ausgebeutet zu werden, das Gefühl der Ohnmacht gegenüber dem Schicksal: All das lässt uns mürrisch werden. Und so nutzen wir jede sich bietende Gelegenheit, unsere schlechte Laune an Mitmenschen auszulassen. Ob das der Busfahrer ist, der nicht auf uns gewartet hat, die Kindergärtnerin, die uns eine schnippische Antwort gibt, oder der liebe Ehemann, der wieder einmal aus Versehen den falschen Schlüsselbund mitgenommen hat. Wir ärgern uns spontan über die anderen und das scheint uns sogar einen Augenblick gut zu tun. Aber dieses gute Gefühl hält nicht lange an.

Je mehr wir uns ärgern, desto größer wird der Ärger, desto schlechter wird unsere Laune und immer schneller brauchen wir ein neues Ventil. Der Nächste, der uns in die Quere kommt, der eine harmlose Frage stellt, erhält eine gepfefferte Antwort – und weiß nicht, wie ihm geschieht. Nun ist auch er verärgert. Wir haben etwas Dampf abgelassen, unser Blick wird dadurch etwas klarer und wir sehen, wir haben einen Fehler gemacht. Nun ärgern wir uns über uns selbst. Aber was haben wir davon? Passiert ist passiert – sich über sich selbst zu ärgern hilft nun auch nicht mehr. Sie vermiesen sich nur den Tag, machen vielleicht aus einer Mücke einen Elefanten. Ihre Verärgerung wirkt sich auch auf Ihr Umfeld aus. Und so geht das weiter und weiter. Stehen wir unter Strom, ist »Stress« unser Lieblingswort, sind wir durch und durch gefrustet über unser Leben, dann scheint Ärger eine gute Methode zu sein, solche negativen Empfindungen abzubauen. Doch das erweist sich als Irrtum, denn Ärger macht keine Situation besser, sondern nur noch ärger.

Ärger bringt überhaupt nichts. Ihr Frust geht nicht weg, ganz im Gegenteil: Er wird noch größer, wenn Sie merken, dass sich nichts ändert.

Einmal in dieser Spirale, ist das Entkommen schwer, es sei denn durch Selbsterkenntnis. Wem hilft Ärger? Niemandem! Und umgekehrt: Lassen Sie sich nicht ärgern von gefrusteten Mitmenschen, die ihren Unmut an Ihnen austoben wollen. Bringen Sie Kritik, die an Ihnen geübt wird, auf eine sachliche Ebene, ärgern Sie sich nicht über Unzulänglichkeiten – egal, ob es die eigenen oder die anderer Menschen sind. Tun Sie lieber etwas dagegen oder akzeptieren Sie Dinge, die momentan nicht zu ändern sind. Ärger schadet nur Ihnen selbst.

Und selbst wenn Sie einen berechtigten Grund, beispielsweise eine Reklamation, haben, hilft ärgern auch nicht weiter. In solchen Fällen sollte Ihr Motto lauten: Nicht ärgern – Ärger machen!

Stress, lass nach!

Frau denkt nur noch daran, was sie alles erledigen muss, wie sie mit den Anforderungen zurechtkommen soll, wie sie allen gerecht werden kann – Kindern, Partner, Job. Viele erarbeiten sich einen minutiösen Ablaufplan, der dem Generaldirektor eines großen Konzerns Ehre machen würde. Aber eine nicht eingeplante kleine Veränderung kann möglicherweise den Plan für eine ganze Woche kaputt machen. Dann ist nicht nur organisatorisch etwas schief gelaufen, auch das Gewissen meldet sich: »Weil du alles willst, müssen die anderen leiden.« Das ist Stress pur. Wie bei vielen anderen Dingen im Leben, kommt es auch bei Stress auf die Dosierung an: Was ist gut für Sie, was fordert Sie und regt Sie an? Was ist zu viel, was setzt Sie unter Druck und regt Sie auf. Was dem einen noch positive Impulse gibt, macht den anderen schon fertig. Wir alle kennen die Symptome: das Gefühl, es nicht zu schaffen – zeitlich, nervlich, kräftemäßig. Unterschiedlich sind auch die körperlichen Symptome: Herzklopfen, Atemprobleme,

Es gibt positiven und negativen Stress. Der positive Stress beflügelt Sie, der negative macht Sie krank. Machen Sie sich also keinen Negativ-Stress!

Schweißausbrüche, Schwindelgefühl, Schlaflosigkeit, Verspannungen im Nackenbereich, kalte oder feuchte Hände ...

Ein weiterer Stressfaktor ist die persönliche Situation. Ob verheiratet oder allein erziehend, ob junge oder alte Erstgebärende, kleine oder große Kinder – alles spielt eine Rolle. Auch ob eine Beziehung harmonisch ist, Frau Freude an der Arbeit, ob sie Erfolg im Beruf hat und ob ihr dies wichtig ist, ob sie mit Leib und Seele Mutter ist – auch solche Faktoren tragen dazu bei, wie eine Frau ihre Situation empfindet, ob die Belastung positiv oder negativ gewertet wird. Untersuchungen belegen, dass die Berufstätigkeit beispielsweise eine positive Auswirkung auf die Gesundheit einer Frau hat – vorausgesetzt sie hat keine kleinen Kinder (unter sechs Jahren), in einem solchen Fall wiederum steigt das Krankheitsrisiko.

Freude, Zufriedenheit, ein gesundes Maß an Herausforderung und Aktivität – all das steigert das Lebensgefühl und baut Stress ab.

Britta ist jedes Mal fix und fertig, wenn sie mittags den Kleinen vom Kindergarten abholt. Jeden Tag ist sie bereits ab dem späten Vormittag in hochgradiger Aufregung mit der Frage befasst: Klappt es oder klappt es nicht? Hat ihr Boss, der chaotische Cheftexter, einen genialen Einfall vor 11 Uhr oder erst später? Man sollte nicht meinen, dass Brittas Seelenfrieden und Tagesablauf von der Aktivität der kleinen grauen Zellen eines Mannes abhängig sind. Hat der Texter seine Idee vor 11 Uhr produziert, dann muss alles nicht nur getippt, sondern sofort in die Grafik eingepasst werden, oft will er neue Fotos, einen anderen Art Director. Es ist ungefähr so, als hätte eine Henne ein einmaliges Super-Ei gelegt und nun dreht sich alles um die Henne und ihr Produkt. Glücklicherweise ist ihr Boss eher ein Abendmensch und sie schafft es deshalb häufig, rechtzeitig im Kindergarten zu sein. Was sie am meisten belastet, ist die Unsicherheit, denn alle »Ersatzlösungen« muss sie bis spätestens 11 Uhr in die Wege geleitet haben. Dieser Stress – nicht die Arbeit – macht ihr zu schaffen.

Stress hängt nicht nur von äußeren Umständen ab, sondern hat viel mit der Einstellung zu den Dingen zu tun. Arbeit wird am meisten von den Menschen als Belastung, eben als Stress, empfunden, die ihr lediglich zum Broterwerb nachgehen. Weniger Stress empfinden bei gleicher oder sogar bei höherer Belastung die Menschen, die in ihrer Arbeit einen Sinn sehen, die Freude daran haben und nicht allein aus äußerem Zwang dabei sind. Das sehen wir an den Super-Managern, die viel weniger über Stress klagen, obwohl sie erwiesenermaßen von Terminen gehetzt sind und große Verantwortung auf ihren Schultern lastet. Die Einstellung zur Lebenssituation hat deshalb eine enorme Bedeutung, wirkt nicht nur auf das seelische, sondern auch auf das körperliche Befinden.

Auf die Einstellung kommt es an! Wer seine Arbeit mit Freude macht, ist leistungsfähig und belastbar. Und Freude macht nicht nur das Leben schöner, sondern erhält uns auch gesund.

Wer sein Leben damit verbringt, das zu tun, was andere ihm sagen oder die Umstände von ihm zu fordern scheinen, der kann niemals zufrieden sein. Es ist ein Grundbedürfnis des Menschen, eigene Wünsche auszuleben – je mehr, desto besser. Wer fremdbestimmt lebt, wird immer unzufrieden und frustriert sein, wird bereits kleine Belastungen als Stress empfinden. Doch anstatt die anderen anzuklagen, ihnen die Schuld für eigene Versäumnisse zuzuweisen oder gar die Umstände für unsere Situation verantwortlich zu machen, sollten wir lieber handeln. Glücklich ist der Mensch, der seine Vorstellung vom Leben in Einklang bringen kann mit seinen Lebensumständen und dadurch Stress von vornherein zu einem gewissen Grad ausschließt.

Die Sucht kommt auf leisen Sohlen

Jeder Mensch hat seine eigene Art und Weise, mit schwierigen Situationen fertig zu werden. Bei gravierenden Problemen stürzt sich der eine in Arbeit, der andere ins Vergnügen, der Dritte zieht sich ganz zurück. Manch einer ertränkt seinen Kummer in Alkohol, betäubt sich mit Tabletten, wird zum Kettenraucher …

Streit zu Hause, Ärger im Büro, die Kinder tanzen einem auf dem Kopf herum, keine Zeit, keine Ruhe. Doch nichts ist einfacher, als sich innerlich ruhig zu stellen. Dafür steht heute eine Vielzahl von Medikamenten zur Verfügung. Frau braucht nicht einmal ein Rezept, um sich ständig in eine Art Dauernebel zu versetzen. Mit Baldriantropfen oder Ähnlichem fängt es meist an. »Die Kinder nerven mich, der Chef ist heute unausstehlich, schon wieder Überstunden und ich habe Theaterkarten, ein wichtiges Vorstellungsgespräch, eine Auseinandersetzung mit dem Ehemaligen ... Wenn ich eine Tablette nehme, bin ich viel ruhiger und gelassener«, so hört man oft. Und schließlich sind diese Medikamente völlig harmlos, denn sonst könnte sie nicht jedes Kind in der Apotheke kaufen. Das ist der Anfang und dann geht es weiter: Gegen die Schlaflosigkeit verschreibt der Hausarzt meist sehr willig eine leichte Einschlafhilfe. Und weil wir jetzt so schnell einschlafen – endlich den quälenden Gedanken entfliehen –, lassen wir uns auch ein kleines Mittel für den Tag geben – zum Beruhigen. Schnell gewöhnen wir uns daran, nicht mehr alles so schwer zu nehmen. Und warum sollen wir unnötig leiden? Zudem schonen wir unser Umfeld, denn wir sind immer gut drauf. Für jedes Problem gibt es maßgeschneidert das passende Mittel – in Form von kleinen Pillen.

Eine halbe Million Frauen in Deutschland nimmt regelmäßig verschreibungspflichtige Psychopharmaka ein.

Wunderpille oder ein Gläschen am Abend ...

»Seit ich meine kleine Wunderpille nehme, habe ich kein Herzklopfen mehr, kann mich wieder richtig konzentrieren und – das Wichtigste – ich habe wieder Geduld für die Kinder und meinen Mann.« So entschuldigt Hanna ihren Tablettenkonsum.

Je nach Medikament und Dosierung kann eine Abhängigkeit sehr schnell, nämlich bereits innerhalb von wenigen Wochen, entstehen und dann ist es so weit. Zu all den Problemen, die Frau schon hat, kommt ein weiteres dazu: die Sucht!

Probleme müssen nicht mehr gelöst werden, denn die Tablette ist Er-lösung: Es gibt keine Probleme mehr. Schwierige Situationen lösen sich förmlich in nichts auf, Belastung wird nicht mehr wahrgenommen, Ärger abgeschaltet, Konflikte werden einfach negiert. Doch irgendwann wird die Rechnung präsentiert. Frau ist am Ende – körperlich und psychisch –, alles bricht zusammen; allem voran sie selbst. Ausstieg aus der Realität, das funktioniert nicht für ewig!

Nicht viel besser ist die Flucht in den Alkohol. Erst ein Gläschen am Abend zum Beruhigen, zum besseren Einschlafen, dann werden es zwei, drei und schließlich zählt Frau nicht mehr in Gläsern, sondern in Flaschen. Aber auch am Tag braucht man etwas für die Nerven. Und da wir fast alle Gesellschaftsalkoholiker sind, fällt es oft gar nicht auf, wenn beim Geschäftsessen drei Schöppchen Wein getrunken werden und nach dem Essen noch ein Kognak zur Verdauung – solange das Lachen nicht zu laut wird, die Augen noch nicht glasig sind und Frau sich unauffällig bewegt, nimmt kaum jemand etwas wahr. Erst wenn die Leistungen nachlassen, die Mitarbeiterin häufig zu spät kommt, das Gesicht aufgeschwemmt ist, beginnt man, sich Gedanken zu machen. Es gibt viele Alkoholiker, die ihre Sucht so perfekt kaschieren, dass es Jahre dauert, bis das engste Umfeld überhaupt Verdacht schöpft. Und außerdem heißt es auch hier: Die Menge macht es aus! Je mehr man gewohnt ist, desto weniger wirkt es, desto mehr »Droge« braucht Frau.

Leicht rutscht man in die Sucht, ohne es zu bemerken. Zu Anfang genießt man den Alkohol, dann wird er gegen den Durst getrunken und irgendwann verliert man die Übersicht über die Menge.

Ehe man es richtig merkt, befindet man sich in einem Teufelskreis: Regelmäßig eingenommen, verlieren Medikamente schnell ihre Wirkung – so auch die Psychopharmaka. Kommt man erst mit einer Tablette pro Tag aus, muss man nach einigen Monaten die Dosierung erhöhen – weitere Steigerungen inbegriffen. Ob psychische oder physische Abhängigkeit – die Folgen sind fatal und der Zusammenbruch ist vorprogrammiert.

Selbstbefragung »Suchtverhalten«

- Nehmen Sie regelmäßig Medikamente zur Beruhigung, zum Schlafen gegen Depressionen ein?
- Wenn ja, notieren Sie die Medikamente und die Dosierung.
- Wann haben Sie das letzte Mal mit Ihrem Arzt über dieses Thema gesprochen?
- Weiß er genau, was Sie einnehmen?
- Arbeiten Sie mit Bachblüten, Aromatherapie, Entspannungskassetten?
- Nehmen Sie Medikamente (auch pflanzliche Präparate/homöopathische) zur Beruhigung, zum Einschlafen, gegen Ängste, Depressionen?
- Sind diese Medikamente verschreibungspflichtig?
- Lassen Sie diese Medikamente von einem einzigen Arzt verschreiben oder haben Sie mehrere Ärzte, von denen Sie solche Rezepte erhalten – ohne dass der eine vom anderen weiß?
- Haben Sie die Dosierung im Lauf der Zeit erhöht (wenn ja, wie)?

Wenn Sie vor einem Problem stehen, in einer Stresssituation sind oder eine unangenehme Angelegenheit erledigen müssen – wie gehen Sie vor? Überprüfen Sie auch hier Ihr Verhalten:

1. Wie gehen Sie die Sache an?
2. Versuchen Sie, sich durch gezielte Atmung zu beruhigen?
3. Machen Sie eine Pause, gehen Sie spazieren ?
4. Rufen Sie Ihren Partner/Freund an, um mit ihm zu sprechen?
5. Denken Sie: »Hätte ich doch bloß meine Pillen bei mir!«?
6. Nehmen Sie gleich eine Tablette ein?
7. Oder genehmigen Sie sich erst mal ein Gläschen – zur Beruhigung, zum Entspannen?

Achtung bei den Fragen 5–7: Wenn Sie mit Ja antworten, dann sind Sie akut suchtgefährdet!

Scheitern, Scheidung und Co.

Beruflich wie privat wirkt sich eine länger anhaltende Überlastung natürlich negativ aus. Bei der Arbeit ist Frau müde, schlecht gelaunt, muss wegen Erkrankung der Kinder öfter Urlaub nehmen oder später kommen, kann sich nicht voll auf den Job konzentrieren. Frauen mit kleinen Kindern sind extrem belastet. Bei Teilzeitarbeit wird die Situation mit zunehmendem Alter der Kinder besser, für eine Vollzeit arbeitende Frau tritt leider keine wesentliche Veränderung ein. Die Zeit, die sie für Kinder und Familie hat, ist und bleibt in der Regel zu wenig. Daraus entstehen wiederum Probleme mit den Kindern: keine Zeit, keine Geduld, wenig Einfluss auf die Kinder und deren Umgang. Die Gefahr wächst, dass Kinder abrutschen, in schlechte Gesellschaft kommen, nicht richtig lernen und sich dadurch die Zukunft verbauen. Das schlechte Gewissen setzt Frau zu, in der Partnerschaft kriselt es immer häufiger. Der Druck, die ständige Überlastung gefährden manchmal auch noch den Arbeitsplatz, denn die Probleme, mit denen man zu Hause zu kämpfen hat, kann man nicht daheim lassen. Sie werden den ganzen Tag herumgeschleppt und beeinträchtigen die Arbeitsweise und folglich die Arbeitsergebnisse.

Der Teufelskreis hat sich geschlossen

Überlastet durch Job, Kinder, Haushalt – nervös, gereizt, unkonzentriert, ohne Elan – Fehler zu Hause und in der Firma.

Die Folgen:
- noch mehr Probleme zu Hause,
- noch mehr Probleme in der Firma,

- Kündigung, Scheidung, Trennung, psychisch angeschlagene Kinder,
- der Lebensplan – ein Scherbenhaufen,
- Frau psychisch und oft auch physisch ein Wrack.

Nicht nur Frau leidet. Das ganze Umfeld bekommt die Auswirkungen der Überforderung zu spüren. Hat Frau keine Zeit, kein Verständnis für den Partner und seine beruflichen Probleme, keine Geduld mit den Kleinen, wenig Zeit für sich selbst, für die eigenen Freunde, ist sie nicht mehr ansprechbar, dann ist es nur eine Frage der Zeit, wie lange die Familie das mitmacht, wie lange man im Job bestehen kann.

Ein falsches Wort auf der einen Seite zieht entsprechende Reaktionen auf der anderen Seite nach sich. Gute Nerven sind die Basis für Verständnis und Toleranz. Aber wer hat überhaupt noch Nerven, wenn das Leben nur noch aus Problemen zu bestehen scheint?

Frau kann nicht einmal mehr zu sich selbst finden. Oft empfindet sie sich wie eine Maschine, die Tag und Nacht ohne Einhalt in Betrieb ist. Nicht einmal im Urlaub kann sie ausspannen, denn auch während dieser Zeit muss sie sich kümmern. Der Ehemann ist von seiner beruflichen Tätigkeit so erschöpft, dass er wirklich Muße und Ruhe benötigt. Also hält Frau ihm die Kleinen vom Hals. Er darf dann mit den Kindern spazieren gehen, während sie die ruhige Zeit zu Hause nutzt, endlich einmal den Hausputz zu erledigen. Oder aber sie muss sich auch auf der Urlaubsreise um alles kümmern, denn der Partner ist so ungeschickt (Sie erinnern sich: »Ich würde gerne, aber leider kann ich nicht!«) in den praktischen Dingen des Lebens. Und wenn der Urlaub vorbei ist, ist sie kaum wesentlich erholter als vorher.

Da wundert es nicht, wenn Beziehungen scheitern. In solch angespannten Dauersituationen sind es oft die berühmte offene Zahnpastatube oder das Haar im Waschbecken, die das Fass zum Überlaufen bringen.

Die ständige Anspannung ohne Ruhepause macht die wenige Freizeit zu einem Alptraum. Ist die Situation erst einmal verfahren – der Partner ist ja meist auch nicht gerade unbelastet –, sind Paare heute eher bereit, zum Scheidungsanwalt zu gehen, als es früher der Fall war. Nicht mehr »bis dass der Tod euch scheidet« ist das Motto der modernen Ehe. Wir sind Teil einer schnelllebigen Gesellschaft. Was nicht passt, wird ausgetauscht, ob das ein Auto, der Computer oder der Partner ist. Alles nur eine Frage des Preises. Frau steht dann erst einmal alleine mit den Kindern und der Frage da: »Wie soll es weitergehen?«

Auch mit einem neuen Partner – sofern Frau mit Kindern schnell einen Mann findet – ist das Problem meist nicht gelöst. Wenn Sie einen Mann in Italien oder England suchen, werden Sie nicht viel mehr Unterstützung im Haushalt bekommen – so sagt es jedenfalls die Statistik – als mit einem deutschen Mann: Auch nur etwa ein Viertel der Hausarbeiten wird von ihnen übernommen. Aber es könnte noch schlimmer kommen: Die japanischen Männer beteiligen sich nur zu einem Zehntel daran. Heiraten Sie doch einen Millionär, dann sieht alles etwas anders aus: Das Personal kümmert sich um Kinder, Haus und Garten, der Chauffeur bringt Sie in die Firma. Sie können sich im Beruf engagieren und sich zu Hause den schönen Dingen des Lebens zusammen mit Partner und den Kids widmen. Leider sind so wenige Millionäre bereit, zur Problemlösung der überlasteten Frauen beizutragen, dass wir sicherheitshalber eine andere Lösung anstreben sollten.

So ändern Sie Ihr Leben: Setzen Sie Prioritäten, treffen Sie klare Entscheidungen und – vor allen Dingen – handeln Sie danach!

Also, was tun?

Hier helfen nur eine gründliche Situations- und Persönlichkeitsanalyse, eine andere Planung und Organisation, das Festlegen neuer Prioritäten und die Veränderung der Einstellung und des Umfeldes – und das Allerwichtigste: **HANDELN!**

Vom Frust zur Lust

Sie haben sich wieder erkannt? Sie wollen Ihr Leben ändern? Dann tun Sie es! Es liegt an Ihnen. Niemand kann Ihnen eine Entscheidung abnehmen, niemand kann Ihre Probleme lösen – außer Ihnen selbst. Also, packen Sie es an, und zwar zuerst einmal mit der Frage:

Was ist los in meinem Leben?

Am besten antworten Sie schriftlich auf folgende Fragen:

- Wo stehe ich heute?
- Entspricht das meinen Vorstellungen?
- Was möchte ich ändern?
- Was kann ich praktisch ändern?
- Welchen Stellenwert haben für mich: Liebe und Partnerschaft, Familie/Kinder, Beruf/Karriere, Freunde, Interessen/Hobbys?
- Ist mir manchmal alles zu viel?

Notieren Sie genau alle Punkte, die Sie als Belastung – und als Über-Lastung – empfinden (z. B. ungünstige Schulzeiten der Kinder, schlechte Verkehrsverbindungen, unflexible Arbeitszeiten, zu fordernder Partner).

- Was belastet Sie von den aufgeführten Punkten am meisten und warum?
- Wie äußert sich das (z. B. ständige Müdigkeit, Nervosität, Stress etc.)?
- Wie gehen Sie mit dieser Problematik um?
- Was tun Sie, um die Situation zu verbessern?

Diese Fragen sind der Ausgangspunkt für ein Lebenskonzept (s. S. 88). Viele Menschen sind sich über ihre Lebenssituation gar nicht richtig im Klaren. Sie sind frustriert, enttäuscht, gestresst, klagen über tägliche Hektik, wissen aber gar nicht genau, was sie wirklich belastet. Sind es die Kinder, der Job, sind sie unzufrieden, weil sie zurückstecken müssen, weil sie sich alles anders vorgestellt haben? Wir sind beschäftigt mit Kleinkram, lösen nur Teilprobleme und schaffen dadurch neue Probleme. Das macht uns fertig, ohne dass wir erkennen, warum, wir haben keine Ahnung von den Ursachen, haben kein richtiges Konzept, streben nicht in eine bestimmte Richtung. Das kann nicht glücklich machen. Sicherlich besteht das Leben aus tausend Kleinigkeiten, die zu erledigen sind. Aber ohne Sinn macht das Ganze keinen Spaß, haben wir keine Energie für unsere Aufgaben. Es kommt nämlich auch darauf an, wie wir unsere Arbeit einschätzen, welchen Wert wir den einzelnen Tätigkeiten beimessen. Wenn wir das nicht wissen, stehen wir immer vor einem riesigen Berg Arbeit, der niemals kleiner zu werden scheint. Erst wenn wir erstrebenswerte Ziele für uns gefunden haben, können wir Aufgaben in »wichtig, unwichtig, eilig etc.« einteilen. Damit bekommt unser Leben Gestalt und wir kriegen die Dinge in den Griff, arbeiten entsprechend unserer Prioritätenliste.

Das Leben macht demjenigen mehr Spaß, der seine Ziele kennt. Er weiß, warum er was tut, kann Fortschritte feststellen – das schafft innere Zufriedenheit.

Sie werden staunen, wie Sie dadurch viel klarer sehen können. Dann gelingt es Ihnen auch, Einiges ganz loszulassen und Zeit und Energie besser einzuteilen – zu Ihrem Vorteil. Wenn Sie wissen, warum Sie auf etwas verzichten, leiden Sie viel weniger darunter. Wenn Sie das tun, was Ihnen wichtig ist, können Sie Entbehrungen und Durststrecken in Kauf nehmen – Sie wissen, dass diese kritische Zeit nur eine Übergangsphase ist.

Doch wie geht es den meisten Menschen? Schauen wir uns um: Hildas Traum war einmal eine Topposition in der Werbung, heute rast sie zwischen Herd, Kindergarten und

Aushilfstätigkeit hin und her. Frust ist angesagt. Viel zu sehr hat sie sich von ihrer Lebensvorstellung entfernt. Aber nicht jammern und wehklagen hilft hier weiter, sondern eine Auseinandersetzung mit der persönlichen Situation und die Umsetzung der daraus gewonnenen Erkenntnisse, eine zielgerichtete Planung.

Verlieren Sie Ihre Ziele nicht aus den Augen! Denken Sie immer an Ihren Lebensplan! Nur so kriegen Sie die Dinge in den Griff.

Nehmen wir einmal an, Sie waren Assistentin in einer Agentur, als Ihnen Ihre große Liebe über den Weg lief. Partnerschaft und Kinder ließen zu diesem Zeitpunkt für Sie eine Karriere nicht mehr so erstrebenswert erscheinen. Aber ein paar Jahre später ist der Alltag eingekehrt, der Mann hat seinen Beruf und Sie sind mit den Kindern und dem Haushalt total ausgelastet, aber mehr oder weniger allein. Neidvoll blicken Sie auf Ihre unverheirateten Freundinnen. Sie sind unabhängig, sind top im Job und im Privatleben, machen tolle Weltreisen, haben meist attraktive Teilzeit-Partner, sind Kundinnen beim Starfriseur, sind in den Luxushotels der Welt zu Hause und leisten sich Designerklamotten. Die unabhängigen Frauen haben offensichtlich die bessere Wahl getroffen – denken Sie.

Ergeben Sie sich nicht in Ihr Schicksal!

Warum haben Sie Ihren Traum vom Erfolg als Product-Managerin aufgegeben und den Buchhalter in Ihrer einstigen Firma geheiratet, für die Kinder auf den aussichtsreichen Job verzichtet? Was haben Sie davon? Eine langweilige Ehe, Kinder, die ihre Mutter eigentlich immer weniger brauchen, dafür umso mehr mit Arbeiten eindecken und Sie ausnutzen; einen Teilzeitjob, der Ihnen zwar eine Gelegenheit bietet, einige Stunden aus dem Haushalt auszusteigen, der aber stressig, schlecht bezahlt und weit unter Ihrem Niveau angesiedelt ist. Fazit: Sie haben heute weder privates Glück noch beruflichen Erfolg. Ihre ursprünglichen Wünsche haben sich in nichts aufgelöst. Ihr Leben erscheint Ihnen leer und öd, es gibt nur Arbeit, Stress, Hektik und Ärger. Sie haben sich schon fast in Ihr Schicksal ergeben. Aber das brauchen Sie nicht. Denn alles lässt sich ändern!

Das gilt auch für Ulrike, die sich fragt: »Wo bleibe ich? Was ist mit meinen Prioritäten, mit meinen Interessen, mit meiner Vorstellung vom Leben?« Solche und ähnliche Fragen sind Ausdruck tiefer Frustration. Die eigenen Bedürfnisse sind auf der Strecke geblieben.

1. Sie arbeitet abends, weil ihr Mann sich dann um das Kind kümmern kann, anstatt morgens, wenn sie ihre kreative Phase hat – wichtig für ihre Arbeit als freie Texterin für eine Werbeagentur.
2. Sie verbringt ihren Urlaub immer sehr sportlich, mal mit Bergsteigen, mal mit Segeln, weil ihr Partner dies vorzieht, während sie lieber faul am Strand liegen würde.
3. Sie geht mit ihm in die Oper, obwohl klassische Musik nicht ihr Fall ist, anstatt zu Jazzveranstaltungen – die ihrem Geschmack entsprechen.
4. Sie lebt ständig nach irgendeiner Diät, weil er extrem schlanke Frauen attraktiv findet.

Sich ständig unterzuordnen, auf eigene Wünsche und Bedürfnisse zu verzichten, verursacht Frust und Aggression. Eine klare Linie muss gefunden werden, die beiden Partnern gerecht wird.

Mit Recht fragt sich Ulrike, wo sie in ihrem eigenen Leben überhaupt bleibt: Über Job, Urlaub, Freizeit/Genuss, ja sogar ihre Ernährung lässt sie ihren Partner bestimmen. Sie lebt nicht ihre eigenen Bedürfnisse, sie passt sich ihrem Mann an, ordnet sich ihm unter.

- Anstatt die Arbeitszeiten anders zu organisieren, ordnet sie sich unter.
- Anstatt abwechselnd die Urlaube nach den Wünschen beider Partner zu verbringen, ordnet sie sich unter.
- Anstatt mal in die Oper, mal zum Jazzkonzert zu gehen, ordnet sie sich auch hier unter.

- Anstatt ihre Figur zu akzeptieren, quält sie sich seinetwegen ab und ordnet sich so seinen Idealvorstellungen unter.

Mit der Zeit wird Ulrike immer unleidlicher. Sie ist frustriert, mit ihrem Leben völlig unzufrieden, aber trotzdem bucht sie schon wieder einen Sporturlaub für den kommenden Sommer. Ihre Unzufriedenheit äußert sich in ständiger Nörgelei, mal wird sie depressiv, mal ist sie aggressiv, doch nie fragt sie sich, was sie ändern könnte.

Tatsächlich überlastet oder fühle ich mich nur so?

Erinnern Sie sich an Evi, die Freiwillige (s. S. 12)? Ihr Beispiel zeigt deutlich, dass Überlastung eine individuelle Sache ist. Evi fühlt sich überlastet, ist aber im eigentlichen Sinn nicht überlastet, denn sie will es (unbewusst) nicht anders.

Fragen an den »Evi-Typ«:

- Sind Sie wirklich überlastet oder gehört Jammern bei Ihnen »zum Handwerk«?
- Was wollen Sie mit der Klage »ich bin überlastet« erreichen? Anerkennung, Dank, Aufmerksamkeit?
- Ist Ihr Gefühl, etwas zu leisten, abhängig vom Lob anderer Menschen?
- Was wollen Sie durch Ihre Überaktivität kaschieren (können Sie sonst mit Ihrer Zeit nichts anfangen, haben Sie Probleme, denen Sie davonlaufen, können Sie mit Ihrem Partner nicht sprechen, haben Sie emotionale Defizite etc.)?
- Erwarten Sie, dass andere Menschen Ihre Situation verändern, Verständnis für Ihre Probleme haben?

Herauszufinden, ob überlastet oder nicht, ist meist gar nicht so einfach, denn die Antwort liegt in der Tiefe der Seele. Was will ich wirklich, vielleicht unbewusst?

Wie sieht das bei Ihnen aus?

- Strengen Ihre Aufgaben Sie so an, weil Sie frustriert sind, innerlich nicht Ja zu Ihren Aufgaben sagen können?
- Notieren Sie die Arbeit/Aufgabe, die Ihnen am meisten Freude macht?
- Glauben Sie, es geht Ihnen schlecher als anderen Frauen in ähnlicher Situation?
- Glauben Sie, Sie haben weniger Energien als andere Frauen in ähnlichen Situationen?
- Fühlen Sie sich mit Ihren Problemen allein, macht Sie das müde und depressiv?
- Wie viel Zeit wenden Sie in der Woche auf für die bezahlte Arbeit (Job), die nicht bezahlte Arbeit (Familie/Haushalt), Kinder und evtl. Kranken-/Altenpflege, Haushalt, Freizeit, eigene Hobbys und Interessen?

Wir sehen es deutlich: Die Aufgaben sind sehr ungleich verteilt. Wichtig deshalb, gemeinsam mit dem Partner eine faire Aufgabenteilung erarbeiten und darauf achten, dass diese auch umgesetzt wird.

Vergleichen Sie Ihre Angaben einmal mit den Zahlen des Statistischen Bundesamtes, Sie befinden sich vermutlich in guter Gesellschaft:

Die tägliche Arbeitszeit im Beruf ist bei Müttern abhängig vom Alter der Kinder, d. h. je kleiner die Kinder, desto weniger bezahlte Arbeitszeit. Frauen mit einer Vollzeittätigkeit arbeiten 11,15 Stunden pro Tag, Frauen mit Teilzeitbeschäftigung auch nur 45 Minuten weniger. Aber auch nicht berufstätige Mütter mit Kindern unter 6 Jahren haben einen 9,15-stündigen Arbeitstag – eine Vollzeitbeschäftigung zu Hause ohne Bezahlung! Berufstätige Mütter mit Kindern unter 6 Jahren sind pro Arbeitstag mit über 11 Stunden belastet! Diese Zeitangabe bezieht sich nur auf die wirkliche Arbeitszeit, die ständige »Einsatzbereitschaft« wie sie bei Kleinkindern erforderlich ist, wird hier gar nicht mit berechnet.

Und wer denkt, am Wochenende kann Frau und Mutter endlich einmal ausspannen, der irrt gewaltig: Zwar bleibt etwas mehr freie Zeit, da Frau ja nicht zur Arbeit muss. Aber dafür wird dann im Haushalt das erledigt, was während der Woche liegen geblieben ist und den Kindern mehr Zeit gewidmet. So bleibt Frau im Vergleich zum Mann auch am Wochenende immer noch mit 7,3 Stunden mit Haushalt und Familie beschäftigt, während der Partner 1,3 Stunden mehr Freizeit für sich beansprucht. Nicht einmal Nur-Mütter mit Kleinkindern sind am Wochenende viel weniger mit Haushalt beschäftigt als die berufstätige Mutter.

Diese Zahlen machen deutlich, dass eine Reduzierung der Hausarbeit und Kinderbetreuung (bei Kleinkindern) nicht allein ein Problem der berufstätigen Mutter ist. Hier sollten Partner, eventuell auch die Familie, mehr gefordert werden. Aber nur langsam verändert sich das Bewusstsein und noch langsamer verbessern sich die Bedingungen für einen Wiedereinstieg bzw. die Möglichkeiten für eine berufliche Tätigkeit von Müttern. Andere, flexiblere Öffnungszeiten von Kindergärten, regelmäßige Schulstunden etc. sind notwendig. Allmählich entwickeln sich auch bei den Firmen neue Beschäftigungsmodelle, die eine freie Einteilung der Arbeitszeit oder zumindest flexiblere Zeiten (nicht in allen Branchen möglich) zugrunde legen.

Umdenken tut Not. Kleine Fortschritte sind in der Wirtschaft zu Gunsten der Frauen erkennbar. Trotzdem: Selbst aktiv werden ist Grundvoraussetzung für eine Veränderung. Sehen Sie Ihre Chancen.

Fast unbeachtet bleibt bisher ein wichtiger Aspekt: Frauen, die sich um Kinder, Kranke und Alte kümmern, die einen Haushalt managen und hinter einem erfolgreichen Karrieremann stehen, haben viel psychologisches Geschick und soziale Kompetenz erworben, die sich hervorragend in bestimmten Berufszweigen einsetzen ließen. Warum sind sich so wenige Frauen dieser Qualifikationen, die nicht per Zeugnis dokumentiert werden können, überhaupt bewusst? Warum werden nicht berufliche Nischen ausgelotet, in denen solche Fähigkeiten zum Einsatz kommen können.

- Welche Stärken haben Sie?
- Was können Sie besser als die Frauen, die keine Kinder haben, die nicht über Ihre große Erfahrung in der Erziehung und im Umgang mit Menschen etc. verfügen?
- Wo können Sie beruflich diese Fähigkeiten einsetzen?

Betreiben Sie einmal Ihre ganz persönliche Marktforschung!

»Was wollte ich – was will ich?«

Kommen wir noch einmal zurück zu den Wünschen und Träumen, befassen wir uns ein wenig mit uns selbst, mit unserer Persönlichkeit:

- Welcher Typ sind Sie? Sind Sie aktiv, romantisch, realistisch, eher zurückhaltend, lieber allein oder lieber in Gesellschaft?
- Welches waren Ihre Kleinmädchenträume? Viele Kinder, reicher Mann, toller Beruf als ... ?
- Wie würden Sie Ihr Leben gestalten, wenn Sie vollkommen frei wären? Würden Sie, wenn Sie könnten, gern aussteigen und noch einmal ganz neu und anders anfangen? Was würden Sie anders machen (vielleicht auch nur in Teilbereichen)? Ist von diesen Ideen heute noch eine realisierbar?
- Welche menschlichen Werte sind Ihnen am wichtigsten? Ehrlichkeit, Zuverlässigkeit, Treue, Geradlinigkeit etc.?
- Wie ist Ihre Seelenlage heute? Was gibt Ihnen innere Zufriedenheit?

Träumen Sie einfach einmal, stellen Sie sich vor, was wäre, wenn...
Ihre Träume zeigen Ihnen, was Ihnen wirklich wichtig ist.

Sind Sie optimistisch? Können Sie sich leicht freuen? Fällt es Ihnen leicht, Ihre Gefühle zu zeigen? Können Sie über Dinge sprechen, die Sie belasten? Welche Hobbys haben Sie? Können Sie von sich sagen: Ich bin o.k.? Tun Sie das auch?

Hier eine Aufgabe für jeden Tag. Sagen Sie laut und deutlich – je öfter desto besser: »Ich bin o.k.«

Wichtig ist, dass Sie sich einmal in aller Ruhe mit sich selbst befassen, in sich hineinhorchen. Ergänzen Sie die obigen Fragen. Schreiben Sie auf, welche Eigenschaften Sie haben, in welchen Bereichen Ihre Hauptinteressen liegen, welche Eigenschaften Ihnen wichtig sind. Wann stellen wir uns schon einmal Fragen über uns selbst? Gerade wenn Sie sich überlastet fühlen, so argumentieren Sie, haben Sie keine Zeit, sich mit Dingen zu befassen, die nicht Top-Priority haben. Gerade weil Sie so unter Stress stehen, ist es aber besonders wichtig, sich mit sich selbst zu befassen. Wie wollen Sie denn Ihren Stress und Ihre Unzufriedenheit reduzieren, wenn Sie nicht einmal genau wissen, was für Sie wichtig ist? Ausgangspunkt für ein neues (Lebens-)Programm ist eine Standortbestimmung.

Ihre persönliche Standortbestimmung

Planen Sie zwei- bis dreimal pro Woche jeweils eine halbe Stunde für sich ein. Ziehen Sie sich zurück an einen Platz, an dem Sie ungestört sind. Versuchen Sie, zur Ruhe zu kommen, und befassen Sie sich dann mit obigen Fragen. Lesen Sie eine Frage laut, dann schließen Sie die Augen und lassen Ihre Gedanken einfach ziehen. Vielleicht steigen Bilder in Ihnen auf, die Sie schon längst vergessen hatten. Vielleicht erinnern Sie sich an Ihre erste Liebe, an den ersten Urlaub, den Sie selbst finanziert haben. Oder Sie lächeln über die Vorstellung, die Sie als Kind hatten – als gefeierte Popsängerin im neuesten Porsche-Modell, umgeben von einer Schar Fans. Was steht hinter diesen Kinderträumen?

Zufriedenheit besteht aus einer Reihe von glücklichen Momenten. Sorgen Sie für Ihr Glück – es liegt in Ihrer Hand.

Wie sieht Ihr Leben heute aus? Ärger, Hektik, im Eilschritt von der Waschmaschine zum Computer. Was ist geblieben von den schönen Vorstellungen? Haben sich Ihre Bilder von der Zukunft im Lauf der Zeit gewandelt? Ist aus der Traumprinzessin ein Super-Model geworden, eine Karrierefrau mit schickem Büro in der Chefetage oder eine glückliche Mutter mit drei Kindern? Glück – das ist für jeden Menschen etwas anderes. Finden Sie Ihre persönliche Vorstellung vom Glück.

Was ist mir heute wichtig?

- Schreiben Sie alles auf, was in Ihrem Leben eine Bedeutung hat – unterteilt in die drei Sparten: Familien- und Privatleben, Beruf und Hobbys. Und was ist Ihnen von den aufgeführten Kriterien am wichtigsten? Wählen Sie aus jeder Sparte einen Punkt und unterstreichen Sie diesen mit einem roten Filzstift. Stellen Sie sich nun vor, Sie könnten nur einen einzigen Punkt realisieren. Für welchen würden Sie sich entscheiden?

Was will ich?

- Wollten Sie immer schon Karriere machen oder ging es Ihnen eher um eine Beschäftigung/Gelderwerb?
- Haben Sie einen Partner, mit dem Sie zusammenleben? Unterstützt er Sie?
- Sind Sie berufstätige Mutter? Wollten Sie das ursprünglich auch sein?
- Haben Sie Ihre beruflichen Pläne wegen der Kinder vorläufig/ganz aufgegeben? Planen Sie einen beruflichen Wiedereinstieg? Halten Sie sich auf dem neuesten Wissensstand in Ihrem Beruf?
- Wie ist Ihr Zeitaufwand für die Familie, für den Beruf? Ist Zeitaufwand identisch mit Energieaufwand?
- Wie hatten Sie sich Ihr Leben einmal vorgestellt – vor einem Jahr, vor fünf Jahren, vor zehn Jahren?
- Haben sich Ihre Vorstellungen erfüllt (in welchem Bereich, in welchem Maß)?
- Sind Sie mit Ihrer augenblicklichen Lebenssituation zufrieden? Wie schätzen Sie Ihre Zukunftsperspektiven ein?

Je mehr Fragen Sie sich stellen, desto besser ist es. Nehmen Sie sich Zeit, befassen Sie sich auch in einem Jahr einmal wieder mit diesen Fragen. Vielleicht haben sich Ihre Vorstellungen geändert ...

- Hat sich Ihre Lebenssituation verändert – durch persönliche Veränderung (Heirat/Scheidung/Kinder, Hauskauf), durch berufliche Veränderung (berufsbedingten Umzug/Arbeitslosigkeit, auch des Partners etc.)? Handelt es sich dabei um eine positive oder negative Veränderung?
- Was sind heute Ihre fünf wichtigsten Wünsche? Sind diese Wünsche realisierbar? Wenn nein, warum nicht? Welches war Ihr wichtigster Wunsch vor einem Jahr? Haben Sie ihn realisiert?

Das regelmäßige Hinterfragen der eigenen Situation verschafft Ihnen ein Stück Klarheit.

Lassen Sie sich auch für die Beantwortung dieser Fragen viel Zeit, schreiben Sie Ihre Antworten auf, nehmen Sie gegebenenfalls Änderungen vor. Um klar zu sehen, sollten Sie sich mit diesen Fragen immer wieder – am besten über einen Zeitraum von sechs Wochen etwa zwei- bis dreimal pro Woche – befassen. Sie werden feststellen, dass Sie auf einige Fragen ohne Zögern immer die gleiche Antwort geben, andere Fragen jedoch unterschiedlich beantworten. Daran sehen Sie, in welchen Punkten Sie sich nicht ganz sicher sind, was Sie wirklich wollen. Doch das ist die Voraussetzung für den nächsten Schritt.

Erstellen Sie einen Plan für Ihre Ziele!

Machen Sie einen detaillierten Plan, am besten schriftlich, in den Sie folgende Punkte eintragen:

- Ihre Ziele – nach Prioritäten geordnet
- den Weg zum Ziel
- den genauen Termin, wann Sie Ihr Ziel erreicht haben wollen

Erinnern Sie sich noch an Gerda (s. S. 28)? Schauen wir einmal, wie so ein Plan für ihr Leben aussehen könnte.

- Das Ziel: der berufliche Wiedereinstieg nach ihrer Rückkehr aus dem Iran.
- Der Weg zum Ziel: sich beruflich auf dem Laufenden halten, Kontakte zur alten Firma pflegen, den Arbeitsmarkt in Deutschland verfolgen. Das heißt: Fachliteratur studieren, evtl. einen Fernkurs belegen; Briefe an Boss, Kollegen schreiben, in die Firma gehen, wenn sie in Deutschland ist; Stellenanzeigen lesen, Wirtschaftszeitschriften abonnieren, Freunde bitten, Informationen für sie zu sammeln etc. Schon jetzt Möglichkeiten für die Versorgung des Kindes überlegen und auch hier vorfühlen, z.B. Eltern/Schwiegereltern, Tagesmutter, Kindergartenanmeldung etc.
- Der Termin: Mit den Bewerbungen sechs Monate vor der Rückkehr nach Deutschland beginnen bzw. in der alten Firma rechtzeitig abklären, ob ein Einstieg möglich ist. Kümmern Sie sich auch rechtzeitig um die Kinderbetreuung!

In jeder Lebenssituation gibt es positive Aspekte. Man muss nur lernen sie zu erkennen und dann kann man sie auch nutzen.

Auf diese Art und Weise können auch Sie Aufgaben abgeben, Ihre berufliche und private Situation nach Ihren Vorstellungen allmählich verändern. Ihre Planung sollten Sie jede Woche/jeden Monat überprüfen. So sehen Sie, ob Sie die Schritte auch vollzogen haben und sich an Ihre Vorsätze halten. Manchmal ist das nicht einfach. Doch die Erreichung eines Etappenziels ist bereits ein Fortschritt. Seien Sie stolz auf Ihre Leistung!

Ohne Entscheidung läuft nichts!

Nun geht es darum, die Prioritäten festzulegen. Ist Ihnen momentan Ihr Privatleben wichtiger, weil Sie kleine Kinder haben, für die Sie Zeit und Nerven brauchen, oder ist Ihnen Ihr Beruf ebenso wichtig? Glauben Sie, einen Fehler zu machen, wenn Sie trotz der Kinder voll weiter arbeiten? Denken Sie daran: Kinder sind nach einigen Jahren selbstständig, Ihre berufliche Karriere ist aber für immer dahin, wenn Sie für längere Zeit aussteigen.

Auf jeden Fall müssen Sie sich mit kritischen Stimmen auseinander setzen, egal für welchen Weg Sie sich entscheiden. Wollen Sie beruflich ganz aufhören, sich nur Familie und Kindern widmen, ernten Sie verächtliche Blicke der Karrierefrauen; tendieren Sie zu einer reduzierten Berufstätigkeit, werden Sie von allen Seiten gewarnt, dass die Karriere damit gelaufen ist, und mit Kommentaren wie »das schaffst du sowieso nicht« klein gemacht. Es gibt immer liebe Mitmenschen, die alles wissen und sich besonders dadurch auszeichnen, alles besser zu wissen. Hören Sie lieber auf Menschen, die Probleme lösen, die konstruktiv vorgehen und nicht in jedem Denkansatz bereits das Negative sehen.

Denken Sie daran: Auch wenn Sie sich für Familie und Kinder entscheiden, heißt das noch lange nicht, dass Sie auf Ihre Karriere verzichten müssen.

Es gibt Frauen, die können mit Kleinstkindern nicht viel anfangen. Das ist keine Schande: Der Mutterinstinkt ist individuell ausgeprägt. Manche Frauen sind mit Leib und Seele Mutter und gehen in dieser Aufgabe voll auf. Andere können kaum erwarten, dass aus den kleinen, hilflosen Wesen halbwegs erwachsene Menschen werden, mit denen man anders umgehen, mit denen Frau über Gott und die Welt diskutieren kann. Ob das eine Extrem oder das andere – mit Liebe zu den Kindern hat das erst einmal nicht direkt zu tun. Entscheidend ist es, herauszufinden, was Sie wollen, wo Ihre Begabungen liegen, was Sie glücklich macht, Ihr Leben erfüllt und ihm Sinn gibt.

Es hilft also alles nichts: Sie müssen Farbe bekennen, müssen sich entscheiden, was Ihnen – kurz- und langfristig – wichtiger ist. Viele Frauen scheuen sich, ihre Gedanken und Gefühle in punkto Entscheidung für Beruf oder für Kinder präzise zu formulieren. Egal welche Entscheidung Sie auch treffen – mit konträreren Reaktionen werden Sie leben müssen. Wenn Sie sich das einmal in aller Konsequenz bewusst machen – ist es dann nicht besser, das zu tun, was SIE wirklich wollen? So ist nämlich wenigstens einer glücklich – und das sind Sie!

Wenn Frauen nicht auf ihre Berufstätigkeit verzichten, haben sie schnell ein schlechtes Gewissen, fühlen sich immer gleich schuldig, wenn in der Familie etwas nicht so läuft. Wenn Sie Schluss mit dem Frust machen wollen, kommen Sie um eine Entscheidung nicht herum. Seltsamerweise erscheint es uns meist besser und vor allem ist es natürlich auch sicherer, sein vertrautes Terrain nicht zu verlassen – und sei das noch so unbequem. Lieber sicher in der gewohnten Unzufriedenheit verharren, als ein Risiko einzugehen und dadurch das Lebensgefühl eventuell zu verbessern. Lieber auf einer schlechten Straße fahren, die man kennt, als eine neue, unbekannte zu wählen, die viel besser sein könnte

Gewohnheit ist der Feind des Fortschritts. Viele Menschen haben es sich in ihren Problemen, in ihrer Unzufriedenheit so richtig bequem gemacht. Sie sind zwar unglücklich, aber das ist ihnen zur Gewohnheit geworden. Und deshalb fühlen sie sich unschuldig, dürfen sich beklagen, dürfen andere für ihr Unglück verantwortlich machen. Gewohnheit hat auch immer mit Bequemlichkeit zu tun, Änderung erfordert Umdenken, Energie und zumeist auch mehr Arbeit. Frei von jeder Verantwortung lassen sich die Gewohnheitsmenschen einfach gehen – und das Leben geht an ihnen vorbei. Einige bemerken das nie, andere spät, wieder andere zu spät. Wenn Sie das nicht wollen, kommen Sie nicht um die Erkenntnis herum, dass Sie Ihr Leben gestalten und dass Sie – egal wie Ihre augenblickliche Situation ist – diese verursacht haben.

Wie viele Menschen quälen sich jeden Tag mit den gleichen Problemen ab, anstatt einmal den Mut zu fassen, aus den alten gewohnten Verhaltensmustern auszusteigen und endlich etwas anderes oder Neues zu wagen.

Bevor Sie jetzt aufschreien, denken Sie in Ruhe nach, fragen Sie sich einmal:

- Wer wollte Kinder, wer hat die Kinder geboren (es gibt reichlich Methoden zur Geburtenkontrolle!), wer hat sich entschieden, wegen der Kinder auf den Job zu verzichten, auszusteigen, nur noch eine schlechte Teilzeitbeschäftigung anzunehmen? Wer hat sich nicht mehr auf dem neuesten beruflichen Wissensstand gehalten, wer kann deshalb heute nicht mehr mithalten? Wer hat Brillis und ein eigenes Haus gewollt, anstatt die eigene Karriere, den beruflichen Wiedereinstieg durch finanzielle Rücklagen für Kindermädchen, Haushaltshilfe etc. zu sichern?

Oder haben Sie gar nicht bewusst entschieden? Haben Sie ohne große Planung sich einfach der Liebe, der Familie hingegeben, gar nicht weiter gedacht, haben Sie sich treiben lassen? Auch das war eine Art von Entscheidung. Was immer Sie tun oder nicht tun – Sie haben entschieden! Andere sind dafür nicht verantwortlich.

Keine Entscheidung ist auch eine Entscheidung!

Denken Sie nicht, Sie könnten sich elegant Ihrer Verantwortung entziehen, indem Sie keine Entscheidung treffen. Nicht zu entscheiden ist auch eine Entscheidung: Sie entscheiden sich nämlich dafür, alles so weiterlaufen oder andere entscheiden zu lassen.

Damit Ihnen die Menge der Entscheidungen, die Sie treffen oder von denen Sie betroffen werden, bewusst wird, schreiben Sie einmal alle Entscheidungen auf, die Ihr Leben gestern berührt haben:

- Wie hatten Sie ursprünglich den Tag geplant?
- Wie ist er tatsächlich verlaufen?
- Was entsprach nicht Ihren Vorstellungen?
- Wer hat entschieden?
- Warum hat ein anderer entschieden?
- Waren Sie damit einverstanden?

Sie wollten um sechs Uhr aufstehen (Entscheidung vom Vortag), sind jedoch erst eine Stunde später aus dem Bett gekommen (Entscheidung!), wollten nur Kaffee trinken (Entscheidung), haben dann aber doch ein Scheibe Brot mit Marmelade gegessen (Entscheidung), weil Ihr Mann das Marmeladenglas auf dem Tisch stehen gelassen hat. Sie telefonieren zu lange (Entscheidung) mit Ihrer Freundin, kommen deshalb zu spät ins Büro (Folge der Entscheidung). Sie rennen (Entscheidung), um den Bus zu erreichen, stolpern und fallen hin …

Sich der Verantwortung zu entziehen, ist eine weit verbreitete Methode, sich etwas vorzumachen und sich sogar selbst zu belügen.

Also laufen Sie nicht einer unangenehmen Situation davon, sondern stellen Sie sich ihr. Je eher Sie das tun, desto besser ist es. Sie wissen dann, wo es langgeht und Sie haben sich selbst bewiesen, dass Sie der Regisseur in Ihrem Lebensspiel sind und nicht etwa der Statist, der von anderen eingesetzt, nach Lust und Laune hin- und hergeschoben wird.

So, nun packen Sie es an. Schreiben Sie auf, welcher Bereich in Ihrem Leben Ihnen am wichtigsten ist:

- im Augenblick
- für die nächsten 3–5 Jahre
- für die weitere Zukunft:

  Priorität Nr. 1 ....

  Priorität Nr. 2 ....

  Priorität Nr. 3 ....

Diese Prioritätenliste sollten Sie sorgfältig aufbewahren – als Mittel gegen Frust.

Übernehmen Sie die Verantwortung für sich selbst!

Kommen Ihnen die folgenden Entschuldigungen bekannt vor: »Ich kann nichts dafür …«, »Die Umstände haben sich so entwickelt …«, »Ich hätte gerne, aber ich konnte nicht …«, »Wenn wir nicht umgezogen/wenn unser Kind nicht so sensibel wäre …«? Wer nicht schuld ist, der braucht sich auch keine Vorwürfe zu machen. Lassen Sie andere für sich handeln, dann haben diese auch Schuld, wenn es Ihnen schlecht geht. Das Vertuschen der eigenen Unzulänglichkeit passt gut zum Selbstmitleid, das manche Frauen regelrecht zelebrieren. All das bringt uns nur noch weiter in die Katastrophe. Deshalb: Stehen Sie zu sich, übernehmen Sie die Verantwortung für sich und Ihr Leben.

Nicht der Zufall hat entschieden, dass Sie heute da sind, wo Sie sind: Sie haben Ihre Situation selbst verursacht. Nicht zufällig wurden Sie schwanger, nicht zufällig stehen Sie heute am Herd anstatt in der ersten Reihe im Management, nicht zufällig tun Sie nicht so viel für sich, wie Sie es gern hätten: Für jede einzelne Situation haben Sie sich selbst entschieden!

Überlegen Sie einmal, wie viele große und kleine Entscheidungen notwendig waren, damit Sie sich in Ihre heutige Lage manövrieren konnten.

Diese Erkenntnis hat etwas sehr Tröstliches in sich, selbst wenn Sie fix und fertig mit der Welt sind: So wie Sie sich Ihre Probleme geschaffen haben, können Sie sie auch wieder abschaffen. Auch wenn Sie mit drei kleinen Kindern momentan keinen allzu großen Spielraum haben, bleibt Ihnen dennoch eine Möglichkeit, Ihre Lage zu verbessern. Natürlich können Sie nicht die Kinder bei Oma und Opa parken, nach acht Jahren Berufspause in den alten Job einsteigen oder von heute auf morgen als Reiseleiterin in die Karibik entschwinden.

Ein Blick zurück, ohne Zorn, ohne Reue – das bringt uns weiter: Alles, was bisher in Ihrem Leben geschehen ist, können Sie nicht mehr ändern – das ist passé. Vor Ihnen liegt die Zukunft, die Sie mitbestimmen und formen können. Eine

Analyse der Vergangenheit kann Ihnen zeigen, wo Sie Fehler gemacht haben, beispielsweise, indem Sie keine Entscheidung getroffen haben. Um herauszufinden, was Sie anders und besser machen können, ist ein Rückblick sinnvoll, weil Sie aus Fehlern und Versäumnissen lernen können.

Tatsache ist, Sie haben die Weichen gestellt. Wenn die Richtung nicht mehr stimmt, müssen neue Wege eingeschlagen werden. Nichts ist für ewig – alles fließt, alles ist möglich. Der Rückblick hilft Ihnen, sich neu zu orientieren. Wenn Sie dann wissen, was Sie anders machen wollen, schauen Sie nach vorne, denken Sie konstruktiv – und handeln Sie.

Fragebogen »Wie war das früher?«

- Haben Sie sich bewusst für Ihren Beruf entschieden?
- Entspricht Ihr Beruf Ihren Wünschen und Fähigkeiten, ist er Be-rufung oder sind Sie zufällig zu Ihrem Job gekommen?
- Haben Sie sich bewusst für Ihren Partner/für Ihre Kinder entschieden?
  Haben Sie die Konsequenzen Ihrer Entscheidung genau überlegt – kurz- und langfristig?
- Entspricht Ihr Lebensstil Ihren Vorstellungen?
- Was haben Sie zu Ihrer augenblicklichen Situation aktiv beigetragen?
- Haben Sie das Pro und Kontra genau abgewägt?
- Oder haben Sie in den Tag hineingelebt – nach dem Motto: Der Partner wird's schon richten oder wir werden das Kind schon schaukeln?

In diesem Fall schaukelt Frau das Kind meist allein, ist frustriert und sauer auf alle anderen, denen es besser geht, die mehr vom Leben haben. Die Dinge haben sich anders entwickelt, die Voraussetzungen für den Job-Wiedereinstieg haben sich geändert, das Kind ist problematisch, der Mann hat sich als Egoist entpuppt. Okay – das ist das ganz normale Leben. So geht es anderen auch. Aber warum sich weiterhin mit solchen »Umständen« abfinden? Jeder Tag bietet Ihnen die Chance, etwas an Ihrem Leben zu verändern.

Das Leben besteht nicht nur aus einigen großen Entscheidungen. Die Hauptrichtung – wie Heirat (und wen), Wohnort, Berufswahl, Kinder oder nicht – wird festgelegt. Aber dann geht es weiter. Jeden Tag treffen wir eine Vielzahl von Entscheidungen, angefangen bei der banalen Frage, was wir heute essen, wie wir auf einen cholerischen Chef reagieren, wann wir mit den Kindern für die Schule pauken und wie wir es schaffen, mehr Zeit für uns zu haben, was wir tun können, um unserem Leben einen Sinn zu geben.

Leben heißt entscheiden!

Wenn Sie sich nicht entscheiden, dann entscheidet ein anderer für Sie. Wenn Sie nicht sagen, was Sie essen möchten, dann wird Ihnen das aufgetischt, was ein anderer essen möchte. Nach diesem Prinzip läuft es nicht nur beim Essen …

Beste Chancen, seine Wünsche zu realisieren, hat derjenige, der genau weiß, was er will. Deshalb ist es von immenser Bedeutung, sich selbst und seine (vielleicht versteckten) Wünsche zu kennen. So kann Frau viel leichter die Verantwortung für sich selbst übernehmen, für das eigene Handeln einstehen – das beinhaltet auch, sich zurückzunehmen, sich überzeugen zu lassen, zu akzeptieren. Entscheidend ist: Tun Sie alles bewusst und stehen Sie dann auch dazu. Niemand kann immer nur seine Wünsche durchsetzen, kann tun und lassen, was er will. Wir leben nicht in einem Glashaus. Mit anderen Menschen zu leben, ist ohne Kompromisse nicht möglich. Verantwortungsbewusst leben heißt, bewusst Entscheidungen zu treffen, die Ihrem Wesen entsprechen, die Sie innerlich akzeptieren und zu denen Sie stehen können, auch wenn sie Ihnen vielleicht nicht immer gefallen.

Nicht jede Entscheidung ist eine Lebensentscheidung. Aber gerade die alltäglichen Mini-Entscheidungen machen unser Leben aus. Deshalb ergibt sich nichts von selbst – Sie haben mitgewirkt, indem Sie sich für oder gegen etwas entschieden haben, indem Sie sich aktiv oder passiv verhalten haben. Je bewusster Sie leben, desto leichter fällt es Ihnen, die Verantwortung für sich zu übernehmen. Das macht zufrieden. Sie spüren, Sie können etwas tun – wenn es gut geht, beflügelt es; wenn es schief läuft, können Sie daraus lernen. Wer nichts tut, kann keine Fehler machen. Natürlich irren wir uns – manchmal sogar gewaltig –, treffen falsche Entscheidungen, reagieren nicht optimal. Mit jedem Flop, den Sie landen und zu dem Sie stehen, werden Sie aber stärker und freier. Sie übernehmen die Verantwortung für sich – für Erfolg und Misserfolg. Und Sie entwickeln sich weiter – Ihre Persönlichkeit gewinnt!

Überdenken Sie in aller Ruhe Ihren Tagesablauf:

- Welche Dinge entsprechen Ihren Vorstellungen?
- Welche Dinge entsprechen nicht Ihren Vorstellungen?
- Warum nicht? Wie ist es dazu gekommen?
- Haben Sie die Verantwortung für die genannten Punkte übernommen?
- Hat ein anderer über Sie bestimmt?
- Wenn ja, warum haben Sie das zugelassen?
- Wenn Sie nicht so leben, wie Sie es wirklich möchten: Könnte es daran liegen, dass Sie Ihre Verantwortung für sich selbst vergessen haben?
- Mit welchen Dingen, die nicht Ihrer Vorstellung entsprechen, können Sie sich identifizieren – mit welchen nicht?
- Was können Sie ändern? Wie gehen Sie vor?

Hier sehen Sie, wie weit sich Ihr Leben von Ihren Vorstellungen entfernt hat. Je mehr Vorstellung und Realität übereinstimmen, desto glücklicher und zufriedener ist ein Mensch.

»Ich kann, was ich will!«

Wer wirklich etwas will, der erreicht es auch. Wie wären sonst so spektakuläre Dinge möglich wie die Umrundung der Erde in einem Heißluftballon oder die Überquerung des Atlantiks in einem Segelboot? Der Wille eines Menschen macht Unmögliches möglich. Deshalb kommen wir immer wieder zurück zu der Schlüsselfrage: »Was will ich wirklich?«

Was Sie sich aus tiefstem Herzen wünschen, das können Sie auch umsetzen. Sie können aus Ihrer Überlastung aussteigen, Sie können Ihr Leben anders gestalten, Sie können eine bessere Lebensqualität erreichen – wenn Sie es wirklich wollen. Die Betonung liegt auf dem Wort »wollen«. Sie sollten eine feste Vorstellung haben, Ihr Wunsch muss Ihnen am Herzen liegen, muss große Priorität in Ihrem Leben haben. Lassen Sie nicht andere bestimmen, wie Ihr Leben verläuft – bestimmen Sie selbst.

Schauen wir uns noch einmal Evi an (s. S. 12). Wenn sie wirklich mehr Zeit für sich haben möchte, könnte sie problemlos die Bitten, die an sie herangetragen werden, ablehnen. Sie würde dadurch keine Nachteile erfahren.

Lassen Sie nicht andere darüber bestimmen, wie Sie Ihr Leben führen. Entscheiden Sie selbst, was für Sie gut ist.

Aber: Evi braucht das Gefühl, unentbehrlich zu sein. Manchmal kann sie es nicht verbergen, dass sie sogar insgeheim stolz auf sich, auf ihre Belastbarkeit ist. Ihr Jammern über die Überlastung ist eher ein »fishing for compliments« – könnte aber auch ein Hilferuf sein – als eine wirkliche Überlastung. Evi will es gar nicht anders. Vielleicht ist sie auch deshalb nicht bereit, sich zu fragen: »Warum tue ich das?« So kann sie für ihr Verhalten, für das Ausleben ihres wahren Bedürfnisses, die Verantwortung auf diejenigen schieben, die sie ständig bitten. Nur ja nicht zugeben, dass ihr das gut tut, dass sie das braucht, dass sie es mag, gebraucht zu werden! Aber das ist der wahre Grund dafür, dass sie sich tatsächlich oft überlastet fühlt. Bewusst steht sie nämlich nicht hinter ihrem Verhalten. Mit Sätzen wie »Ich kann doch die Schulleitung nicht mit dem Fest hängen lassen« gibt sie die Verantwortung für ihr Handeln ab.

Evi hat einen Beruf, Evi hat eine Familie, Evi hat Freunde. Wer schickt Evi auf die Schule, um eine Reiseführertätigkeit zu erlernen? Wer sagt ihr, sie solle die Vergangenheit ihres Vaters beleuchten (sie stößt mit ihren Fragen sowieso auf Ablehnung in der Verwandtschaft), wer schickt sie zum Kunstkurs? Verursacher dieser Überaktivität ist allein Evi, denn sie will es so und nicht anders.

Problemlösung 1:

Evi erkennt ihre Stärke, wird sich bewusst, dass allein sie es so will und kein anderer ihr all diese Tätigkeiten aufzwingt. Evi ist mit sich zufrieden, kann ihre Erfolge genießen – sie braucht nicht mehr zu jammern. Sie erkennt ihr wahres Wesen und lebt entsprechend, sie kann zu sich stehen. Durch diese innere Akzeptanz findet sie Befriedigung. Sie sieht ihre Ausstrahlung – »ich bin für euch da« – als eine positive Eigenschaft an und ist stolz auf diese Fähigkeit. Sie ist sich ihrer Stärke bewusst, fühlt sich beflügelt und nicht mehr überlastet oder ausgenutzt.

Alles ist eine Frage der Einstellung: Wer aktiv und leistungsfähig ist, sich dabei wohl fühlt, der sollte stolz auf sich sein. Bei Männern ist dies selbstverständlich und wird bewundert. Warum nicht auch bei Frauen?

Problemlösung 2:

Evi erkennt endlich, dass sie fremdbestimmt lebt, dass sie sich alles aufbürden lässt, weil sie entweder niemals ihre Zeit und ihre Kräfte richtig eingeschätzt hat, weil sie durch Überaktivität eigene Probleme kaschiert oder weil sie nicht Nein sagen will. Aber auch dann liegt es an ihr, durch solche Erkenntnisse die Situation zu ändern.

Das A und O: Herausfinden, was man wirklich will und dazu stehen. Nicht jede Frau, die von früh bis spät schuftet, jobbt, Kinder erzieht, den Haushalt schmeißt, ist eine überlastete und unglückliche Frau. Ich kenne Frauen, die so viel arbeiten, dass sie kaum Zeit für sich haben, die aber dennoch zufrieden mit ihrem Leben sind. Solche Frauen haben diese Phase der Extrembelastung angenommen und wollen ihr Möglichstes geben. Das ist ihr Hauptwunsch und deshalb kommen sie mit großen Belastungen viel besser klar. Sie sind zwar auch müde – oft aber nicht so müde wie Frauen, die nur die Hälfte leisten, aber ihre Aufgabe nicht bewusst gewählt oder akzeptiert haben und folglich keine Freude daran empfinden. Das kostet viel Energie, macht müde und lustlos.

Was wollen Jill und Jutta wirklich?

Jill (s. S. 16) will überall gut dastehen. Das kostet Kraft und Zeit (und nicht wenige Flaschen Wein mit dem Ex). Jill will keine Auseinandersetzungen, will keine Konflikte. Das gilt auch für Jutta (s. S. 19). Sie will sich mit Heinz nicht anlegen. Sie kann weder klare Konsequenzen ziehen (beispielsweise keinerlei Aktivität mehr von ihrer Seite) noch eine Regelung mit ihm vereinbaren, die auch ihm Pflichten im Bereich »Vergnügen« zuordnet. Sie kann nicht richtig mit Heinz kommunizieren. Jutta geht den Weg des scheinbar geringeren Widerstands – doch zu welchem Preis? »Warum immer ich?«, so hört man von Jill und Jutta. Warum nicht: »Jetzt denke ich auch mal an mich!«

Der tollste Typ macht Sie nicht glücklich; der Superjob vermittelt Ihnen kein tiefes Gefühl der Zufriedenheit, wenn Sie nicht selbst etwas dazu tun.

Nur Sie selbst können sich glücklich machen!

Jeder hat seine Situation selbst geschaffen. Dieser Satz ist der Schlüsselsatz für ein glückliches Leben, egal ob Sie sechs Kinder haben oder Ihre eigene Firma leiten, ob Sie 20 sind oder 50, ob Sie in Deutschland oder auf dem Mond leben. Sie sitzen vor dem Süppchen, das Sie selbst gekocht haben. Sie haben die Probleme geschaffen, mit denen Sie jetzt kämpfen. Aber Sie können Ihre Probleme auch lösen; Sie können Ihre Situation verändern. Viele Frauen scheinen das nicht zu glauben, denn sonst würden sie mehr handeln und weniger klagen. Worte ändern gar nichts, wenn keine Taten folgen. Sie fühlen sich immer schlechter, je mehr Sie sich über die Missstände beschweren – während in Ihrem Leben alles beim Alten bleibt. Lieber in kleinen Schritten etwas ändern – eine andere Zeiteinteilung oder Aufgabenverteilung. So kommt Bewegung in das Ganze. Und Sie spüren, wenn Sie sich mit konstruktiven Ideen befassen, mit Ihren Wünschen und Zielen, dann fühlen Sie sich gleich viel besser. Das gibt Elan für den nächsten Schritt.

Ändern Sie Ihr Leben in kleinen Schritten. Lieber kleine Schritte, als für immer und ewig im Frust zu verharren!

Sie möchten mehr Zeit für sich. Dann nehmen Sie sich die Zeit. Planen Sie Ihren Tagesablauf anders, lassen Sie sich nicht immer von anderen verplanen, lassen Sie nicht andere darüber entscheiden, was Sie tun und was Sie lassen sollen. Sorgen Sie selbst für Ihr Wohlbefinden. Wenn Sie darauf warten, dass ein anderer Mensch Sie glücklich macht, stehen Sie auf verlorenem Posten. Schauen Sie sich einmal um. Sicher gibt es in Ihrem Bekanntenkreis Frauen, die ihr Leben im Griff haben. Was machen diese Frauen anders? Auch ihnen stehen pro Tag nur 24 Stunden zur Verfügung. Worin liegt der Unterschied?

Der Unterschied ist nicht auf den ersten Blick ersichtlich. Man kann ihn weder greifen noch zählen, noch direkt sehen. Die Einstellung macht es aus!

Die Strategien

Alles eine Frage der Einstellung

Sie kennen das berühmte Beispiel vom halb vollen bzw. halb leeren Glas. Ob Sie sich freuen, dass das Glas noch halb gefüllt ist, oder ob Sie bedauern, bereits die Hälfte des köstlichen Getränks genossen zu haben – nichts ändert sich am messbaren Inhalt des Glases. Der Unterschied liegt in der Betrachtungsweise.

So ist es letztendlich mit allem, was in Ihrem Leben passiert. Sie können die Dinge von einer positiven Seite aus oder nur das Negative sehen. Alles hat zwei Seiten – es liegt an Ihrer Einstellung, wie Sie eine Situation bewerten. Es gibt immer mindestens zwei Seiten – meist jedoch mehr. Sie glauben das nicht? Dann ist es höchste Zeit, dass Sie Ihren Blickwinkel vergrößern. Man kann nicht nur Muskeln trainieren, sondern auch seine Wahrnehmungsfähigkeit. Nicht die guten Augen allein machen einen klaren Blick, machen Durch-Blick möglich!

Stellen Sie sich vor: Es regnet. Sie sind sauer, weil Sie für den Abend eine Gartenparty geplant hatten.

- **Perspektive 1:**

Die ganze Planung war umsonst, alles muss umdisponiert und ins Haus verlegt werden. Das macht viel Arbeit.

- **Perspektive 2:**

Keiner macht den frischen Rasen kaputt und läuft mit Schuhen voller Erde durchs Haus, wenn er zur Toilette

geht. Es ist sichergestellt, dass der Hund, der nicht ins Esszimmer darf, nicht wieder heimlich gefüttert wird und drei Tage krank ist – wie bei der letzten Gartenparty. Im Haus steht weniger Platz zur Verfügung, so dass die Gäste enger zusammenrücken müssen, also mehr Kontaktmöglichkeiten gegeben sind. Außerdem müssen Sie den Garten nicht gießen.

Nun notieren Sie für folgende Situationen so viele unterschiedliche Aspekte, wie Ihnen nur einfallen:

1. Sie müssen umziehen, weil der Vermieter Ihnen die Wohnung gekündigt hat. Die neue Wohnung ist größer, aber etwas lauter, hat keinen Balkon mehr, dafür steht allen Mietern ein großer Garten zur Verfügung; die Miete ist etwas höher als bisher, dafür ist die Schule gleich um die Ecke, der Weg zum Büro aber zeitaufwendiger.
Perspektive 1: ....
Perspektive 2: ....

2. Ihr Boss ist relativ faul, überlässt Ihnen Arbeiten, die eigentlich er tun sollte. Und dann brüstet er sich mit Ihren Entwürfen, gibt sie als seine Arbeiten respektive als die seines Teams aus.
Perspektive 1: ....
Perspektive 2: ....

Auch das gehört zur positiven Programmierung Ihrer »Software«: das Entdecken von Perspektiven zur Problemlösung.

3. Ihre Mutter kann nicht – wie vereinbart – morgen die Kinder nehmen. Sie müssen deshalb einen Entwurf, den Sie Ihrem Auftraggeber für übermorgen zugesagt haben, bereits heute fertig machen. Nächtliche Überstunden sind erforderlich.
Perspektive 1: ....
Perspektive 2: ....

Die Motivation macht's

Sie kennen das Gefühl: Sie arbeiten eine Woche lang wie ein Tier, täglich sind es bis zu 14 Stunden. Jeder andere wäre schon zusammengebrochen, doch Sie sehen immer noch ganz manierlich aus, obwohl Sie viel zu viel rauchen, unregelmäßig irgendetwas Essbares in sich hineinstopfen. Aber Sie sind glücklich, Sie sind gefordert, Sie sind mit Begeisterung bei der Sache. Schließlich handelt es sich um Ihre erste Präsentation, die Sie vorbereiten. Sie haben ein Motiv, sind motiviert.

Oder der tolle Lover, den Sie vor einigen Jahren hatten. Nur für ein paar Stunden Beisammensein war ihm und Ihnen kein Weg zu weit. Die Telefonrechnung erreichte gigantische Höhen, Sie schliefen zu wenig, schwebten hoch oben in den Wolken, Sie ließen Termine kurzfristig platzen ... und dennoch waren Ihre Arbeitsergebnisse super; die Kunden konnten Sie mit überirdischem Charme beruhigen, Sie sahen so gut aus wie nie zuvor ...

Was haben diese Beispiele gemeinsam? In beiden Fällen waren Sie hochgradig motiviert: eine berufliche Herausforderung, Aussicht auf den Durchbruch, Liebe pur ... Je mehr Wert eine Sache hat, desto mehr Engagement bringt man auf; ist die Motivation groß, dann wird Belastung nicht als Belastung empfunden, dann ist Arbeit Freude und nicht Stress. Solange es ein Motiv für das Handeln gibt, hat man Kraft und Freude. Die Energie wird nicht etwa weniger, sondern potenziert sich. Solange Sie motiviert sind, macht Stress Sie nicht fertig. Solange haben wir es mit »Eustress« zu tun, der Form von Stress, die Sie eher beflügelt. Die Freude an einer Aufgabe setzt Kräfte frei, die fast unglaublich erscheinen.

Vorbeugen ist besser als Heilen! Lernen Sie aus Ihren Fehlern. Begreifen Sie schwierige Situationen auch als etwas Positives, als Chancen.

Versuchten Sie heute, so viel zu arbeiten wie einst in der Agentur – Sie würden es keine zwei Tage durchhalten. Warum? Weil Sie inzwischen 1 000 Präsentationen gemacht haben, weil das für Sie heute nichts anderes als Routine ist. Und der Lover: Ihren Partner kennen Sie einige Jahre, Sie wissen, was Sie an ihm schätzen, was Sie an ihm haben. Aber kurzfristig alles liegen und stehen zu lassen, um ihn ein paar Stunden zu sehen – das hat keinen Reiz. Ob er einen Tag auf Geschäftsreise ist oder eine Woche – Ihr Herz klopft nicht mehr so schnell. Andere Werte sind wichtiger geworden; nicht mehr das aufregend Neue, sondern die Zuverlässigkeit, das Beständige steht an erster Stelle.

Alles was Sie mit Freude und Begeisterung tun, gibt Ihnen Energie. Was Sie müde und gestresst macht, was Sie erschöpft, das ist häufig nicht die Anzahl der Arbeitsstunden, das ist nicht die Schwierigkeit der Planung, sondern es ist die Einstellung zu Ihrer Situation. Wer in einer Arbeit eine schwere, kräftezehrende Tätigkeit sieht, der ist nach einigen Stunden körperlich, geistig und seelisch ausgelaugt. Wer darin Freude und Erfüllung findet, benötigt wesentlich weniger Energie als jemand, der nur seine Pflicht erfüllt, jemand, der seine Aufgaben nicht selbst gewählt hat, sondern dem sie zugewiesen wurden.

Strategie »Grundeinstellung«

- 1. Finden Sie in Ihrer Situation positive Aspekte – so viele, wie es nur geht. Beispielsweise: Sie haben gesunde Kinder, haben einen Job, einen liebevollen Partner, Sie können sich etwas leisten, Sie sind gesund, Sie können lachen, haben Freunde …
Setzen Sie diese Aufzählung fort, schreiben Sie einfach auf, was Sie an Ihrem Leben schön finden.
- 2. Tun Sie Ihre Arbeit mit Freude. Die meisten Arbeiten müssen in einem bestimmten Zeitraum erledigt werden. Ob es sich um das Wickeln und Füttern des Babys, das Bügeln der Wäsche, die Steuererklärung oder das Tippen der Berichte für den Boss handelt. Sie müssen es schaffen. Gehen Sie mit Gedanken wie »Mein Gott, der Kleine hat

schon wieder die Windeln voll, diesen Berg Bügelwäsche schaffe ich heute nicht, mit diesen Zahlen komme ich niemals klar, ich werde mich ständig vertippen ...« an die Sache heran, kann ich Ihnen gleich sagen, dass vieles misslingt; Sie werden länger brauchen als vorgesehen, Sie werden mit dem Resultat nicht glücklich sein.

Warum? Mit einer pessimistischen Einstellung können Sie nicht gewinnen. Ganz im Gegenteil – Sie verlieren auf allen Ebenen: Sie sind missmutig, weil Sie arbeiten müssen. Ihre Laune ist schlecht, die Arbeit erscheint Ihnen schwierig, Sie sind schon müde, bevor Sie überhaupt angefangen haben, etwas zu tun. Mit dieser Null-Bock-Einstellung gehen Sie lustlos an die Sache, machen natürlich Fehler, Sie brauchen dann noch länger und sind noch schlechter gelaunt. Und der nächste Tag wartet auf Sie – er kann mit einer solchen Einstellung nicht besser werden.

Mit welchen Gedanken gehen Sie Ihr Leben grundsätzlich an?

- Allgemein: Bisher ist alles gut gelaufen; ich habe Glück gehabt, es könnte schlechter gehen ...
- Familie/Kinder: Kann ich allen gerecht werden? Mache ich es richtig?
- Job: Viel Arbeit, tolle Herausforderung, macht Spaß ...
- Haushalt: Ist nicht wichtig, aber es sollte etwas ordentlicher sein ...

Seien Sie bei der Beantwortung der Fragen ganz ehrlich mit sich selbst. Jetzt schreiben Sie auf, was Sie morgen tun müssen. Sensibilisiert und sich Ihrer Einstellung bewusster, notieren Sie die Gedanken, die Ihnen dabei einfallen:

- Hoffentlich ist der Kleine nicht wieder zu traurig.
- Die neue Kollegin kann mir das unangenehme Gespräch mit XY abnehmen.
- Pitt wird wieder den Hochzeitstag vergessen.
- Es wird tolles Wetter und ich kann die Wäsche im Garten trocknen.

Unterstreichen Sie alle destruktiven, negativen Gedanken.

Verändern Sie die negativen Punkte in positive, so weit Ihnen das möglich ist. Notieren Sie nun Ihre Tagesplanung noch einmal. Diesmal sollten die positiven Aspekte überwiegen:

- Der Kleine wacht sicher fröhlich auf, ist gut gelaunt.
- Diesmal denkt Pitt an den Hochzeitstag.

Schärfen wir unsere Wahrnehmungsfähigkeit für das Positive und unser Blickwinkel verändert sich. Je mehr Sie das Positive sehen, desto bessere Lösungen werden Sie auch erkennen.

Nun befassen Sie sich noch einmal mit den negativen Aspekten. Versuchen Sie, zumindest einen einzigen positiven Punkt zu jeder negativen Aussage zu finden. Beispielsweise:

- Sie haben Angst vor dem Zahnarzt:
  Je häufiger ich gehe, desto geringer ist die Gefahr, dass der Zahnarzt etwas findet. Je besser ich meine Zähne pflege, desto gesünder erhalte ich sie.
- Sie müssen ungeliebte Hausarbeiten erledigen:
  Je eher ich damit beginne, desto schneller bin ich diese unangenehme Sache los und nehme mir dann Zeit für etwas, was mir Spaß macht.
- Sie sollen ein kritisches Gespräch führen (z. B. mit dem Chef über Gehaltserhöhung, Arbeitszeitveränderung wegen der Kinder ...):
  Meine Lage wird sich durch dieses Gespräch bessern (mehr Geld, weniger Stress, Klarheit).
  Der Boss hat mehr Respekt vor mir, wenn ich den Mund aufmache.

Ein konkretes Problem

Jutta (s. S. 19) hat viele Fähigkeiten; rhetorische Stärken gehören nicht dazu. Das ist einer der Gründe, warum sie Heinz das Problem der Freizeitorganisation nicht richtig vermitteln kann. So stellt sich ihr die Frage: Was ist wichtiger? Eine stabile Partnerschaft mit einem Mann, auf den ich mich verlassen kann, den ich liebe und mit dem ich mir eine Zukunft vorstellen kann, oder ein Typ, der Konzertkarten besorgt? Der einzige richtige Streitpunkt in ihrer Beziehung ist in Juttas Augen die mangelnde Aktivität von Heinz, was die Freizeitgestaltung betrifft. Und diese Schwäche wird für Jutta zu einer fixen Idee. Sie kann nur noch die Passivität ihres Mannes sehen und übersieht dabei all seine Bemühungen auf anderen Gebieten; er bekocht sie, überrascht sie mit kleinen Geschenken – nur Karten bringt er nie mit nach Hause. Ihre Gedanken drehen sich irgendwann nur noch um diese verflixten Karten.

Und dann kommt die Erleuchtung: Wie Schuppen fällt es Jutta von den Augen, als eine Freundin über eine ähnlich gelagerte Situation klagt. Jutta hat sich so sehr auf einen unwichtigen Punkt in ihrer Beziehung fixiert, hat diesem Thema eine Bedeutung beigemessen, die geradezu lächerlich ist. Doch einmal in diesem Fahrwasser, einmal den Blick für die Verhältnismäßigkeit verloren, ist es schwierig, die Dinge wieder richtig einzuordnen.

Strategie »Einstellung zu einem konkreten Problem«

- Prioritäten setzen (oder sich an die festgelegten Prioritäten erinnern)
- Stellenwert des Problems entsprechend einordnen
- positive Aspekte in der Situation erkennen und verstärken
- handeln

Für Jutta heißt das:

- Die Priorität liegt bei der Partnerschaft: Zuverlässigkeit, Zuneigung, Vertrauen – all das ist vorhanden.
- Das Freizeitproblem steht in keiner Relation zum Wert der Beziehung.
- Organisationstalent zu haben ist eine Stärke. Jutta kann stolz darauf sein. Planen und Organisieren macht ihr Spaß, nimmt weder zu viel Zeit noch Kräfte in Anspruch.
- Jutta findet wieder Freude an ihrer Planungslust, fühlt sich nicht mehr ausgenutzt. Heinz kann es genießen, denn er leidet nicht mehr unter ihrem stillen Vorwurf.

Wer sich in seinen Gedankenmustern fest gebissen hat, tut sich schwer, einen Weg zu finden. Gespräche mit Freundinnen helfen oft, einen Knoten zu lösen.

Ihre Einstellung bestimmt Ihr Lebensgefühl!

Think pink

Warum nicht? Wenn sich eine Situation sowieso nicht verändert, wenn Tatsachen feststehen, warum sich dann das Leben unnötig schwer machen? Was unterscheidet Ulla von Nina?

Beide sind berufstätig, haben kleine Kinder, einen Mann, der mehr für seine Karriere als für seine Familie tut. Spricht man mit Ulla, dann ist man schnell beim Thema: Klagen über die Situation, Ärger im Büro, die Kinder immer schwierig, Ulla meist kränklich. Nina hingegen explodiert zwar ab und zu, wenn beispielsweise der Filius mal wieder über die Stränge geschlagen hat, aber ansonsten ist sie optimistisch, gut gelaunt und zuversichtlich. Kinder, Job und Haushalt zu managen – für sie ist das eine Herausforderung, der sie sich gerne stellt.

Nina hat eine positive Grundeinstellung zum Leben, sieht deshalb positiv, denkt in Lösungen und findet daher auch Lösungen. Ulla hat eher eine negative Grundeinstellung zum Leben, sieht deshalb negativ, denkt in Problemen und hat daher Probleme, die ihr unlösbar erscheinen.

Die Einstellung, das Denken bestimmt das Leben. Wer sich ständig mit Krankheit befasst, wird krank; wer immer von Belastung spricht, belastet sich – wer sich mit Gesundheit beschäftigt, bleibt gesund; wer sich mit Dingen befasst, die ihm Freude machen, hat Freude. Positives Denken verändert zunächst einmal nicht die Situation. Wenn Sie Fieber haben, so haben Sie Fieber, egal was Sie denken. Aber dann scheiden sich die Wege:

- Entweder: Sie befürchten, dass das Fieber steigt, dass Sie eine massive Grippe bekommen, dass Sie eine Woche nicht arbeiten können ... Sie fühlen sich schlecht und immer schlechter, beobachten sich genau und registrieren jede noch so kleine Veränderung. Die Folge: Sie brauchen länger, um gesund zu werden.
- Oder: Im Vertrauen, dass es am nächsten Tag besser sein wird, gehen Sie ins Bett. Sie denken nicht weiter an die Krankheit, sondern glauben an Ihre guten Selbstheilungskräfte, die Sie bisher nie im Stich gelassen haben. Die Folge: Sie fühlen sich am nächsten Tag besser, Ihr Immunsystem wird durch die positive Energie angekurbelt.

Positive Gedanken beflügeln. Was denken Sie, wenn Sie Ihr Tagespensum nicht geschafft haben? »Die Arbeit wird immer mehr« oder: »Morgen ist auch noch ein Tag.«

Ursache und Wirkung erkennen

Haben Sie eine gute Meinung von sich, vertrauen Sie auf sich selbst, sind Sie sich Ihrer Stärken bewusst, dann gehen Sie mit einem positiven Gefühl in jede Lebenssituation. Sie haben eine positive Erwartungshaltung, das vergrößert Ihre Aussicht auf Erfolg. Sie haben Erfolg und das bestärkt Sie, in Ihrer positiven Meinung (von sich selbst).

Unsere Denk-Software

Das Fatale an unserer Denkstruktur ist, dass wir ihr mit einer enormen Hartnäckigkeit treu bleiben. Wenn Sie erst einmal ein bestimmtes Denkmuster entwickelt haben, dann läuft eigentlich alles ganz von selbst. Wer sein Unterbewusstsein auf »positiv« einstellt, bei dem werden alle Informationen positiv verarbeitet, wer viele negative Erfahrungen gemacht hat, der hat ein negatives inneres Programm, sieht immer den negativen Aspekt. Ihre Gedanken werden automatisch in die Denkbahn geleitet, die Sie selbst (unbewusst) angelegt haben. Wie bei der Software Ihres Computers wird alles, was Sie eingeben, nach Ihrem persönlichen Programm verarbeitet.

Gedanken fallen nicht vom Himmel. Gedanken werden von Ihnen geschaffen. Ändern Sie Ihr Denken, dann verändert sich auch Ihre Situation.

Nur die Erwähnung des Namens ihres Exmannes ruft bei Charlotte eine Reihe von bösen Erinnerungen wach. Kein Wunder, dass sie ihm von vornherein negative Absicht unterstellt. Entsprechend reagiert sie, wenn er sie anruft – und hat sich dadurch selbst geschadet, Angebote über eine faire finanzielle Regelung gar nicht erst angehört, sondern grundsätzlich alles sofort abgelehnt. Wäre sich Charlotte dieses Automatismus bewusst, könnte sie versuchen, aus ihrem selbst gewählten Gedankengefängnis auszubrechen. Sie könnte innerlich eine neutrale Einstellung zu Ihrem Ex erarbeiten – zu ihrem eigenen Vorteil. Doch haben wir einen Menschen erst einmal in eine Schublade gesteckt, dann lassen wir ihn meist dort – lebenslänglich –, egal was er tut.

Lädt uns Theo ein, sagen wir sofort zu und freuen uns auf das Treffen, denn wir erwarten (positives Denken), dass es eine angenehme Zeit wird. Zu Susanna gehen wir eher gezwungenermaßen, denn in ihrem Bekanntenkreis haben wir uns noch nie besonders wohl gefühlt (negatives Denken). Wären Susannas Bekannte plötzlich bei Theo, würden wir uns in deren Gesellschaft wohl fühlen, wären Theos Freunde bei Susanna, würden wir sie ablehnen – denn so haben wir es uns einprogrammiert. Und so funktionieren wir!

Alte Denkmuster überspielen

Alles lässt sich ändern. So wie man eine Musikkassette überspielen kann, können Sie Programmierungen, die Ihnen nicht mehr gefallen, gegen ein anderes Programm austauschen. Es geht nicht so schnell wie bei der Kassette, aber es ist möglich. Die einfachste Art und Weise ist die Autosuggestion (= Selbstbeeinflussung). Damit können Sie Verhaltensmuster, die Ihr Leben negativ beeinflussen, verändern. Denken Sie anders, handeln und fühlen Sie auch anders.

Dazu sollten Sie wissen, dass wir nach einem Programm »funktionieren«, das wir in unserem Unterbewusstsein installiert haben. Jede Erfahrung, jedes Gefühl, jeder Gedanke wird im Unterbewusstsein – seit unserer Geburt! – gespeichert. Je mehr positive Erfahrungen wir gemacht haben, desto positiver ist unsere Grundeinstellung. Der Grundstein wird in der Kindheit gelegt und damit ist erst einmal vorgegeben, in welche Richtung der Mensch denkt. Dennoch ist eine lieblose Kindheit keine Entschuldigung für eine negative Lebenseinstellung, denn in dem Moment, in dem ein Mensch erkennt, wie das System funktioniert, kann er es auch verändern: durch Überspielung der alten, negativen Programmierungen.

Kinder, die mit Verständnis, Geduld und Liebe aufwachsen, gehen mit viel mehr Sicherheit in jede Lebenssituation als Kinder, die solche Erfahrungen nicht gemacht haben.

Wer immer gleich das Schlimmste befürchtet, sollte einmal versuchen, sich bewusst selbst zu beeinflussen – auf eine ganz simple Art und Weise. Sagen Sie (z.B. als Vorbereitung auf ein Vorstellungsgespräch) laut und deutlich mehrmals am Tag über einen Zeitraum von einigen Wochen hinweg: »Ich gehe mit einer positiven Einstellung zum Vorstellungsgespräch. Meine Argumente kommen gut an; ich bin sicher und freundlich. Das Gespräch verläuft erfolgreich.« Ihre »Software« wird dadurch nach und nach umgestellt und mit der

Zeit funktioniert Ihr neues Prinzip. Ihr Programm ändert sich, alle Eindrücke werden positiv »verarbeitet« und das Resultat ist toll: Sie sind wirklich von sich überzeugt, damit haben Sie schon halb gewonnen, sind der Konkurrentin, die nervös und hektisch ist, meilenweit voraus. Sie sind von sich überzeugt – und das strahlen Sie aus. Sie sind sicher – und das wirkt auf Ihr Umfeld. Stellen Sie Ihre Denk-Software um und Sie werden überrascht sein, welche Möglichkeiten Sie plötzlich erkennen, wie leicht Ihnen vieles von der Hand geht, wie viel mehr Freude und Elan Sie haben. Das macht Sie zuversichtlich, alles gelingt besser. Durch eine andere Einstellung wird Distress zum Eustress, Sie können besser organisieren, leichter Nein sagen, Ihre Forderungen erfolgreich durchsetzen. Nicht nur beim Computer sollten Sie auf die beste Software achten – noch viel wichtiger ist Ihr eigenes inneres Programm. Ändern Sie es, Sie können es!

Wandeln Sie negative Gedanken in positive um. Sie werden sehen, alles geht plötzlich viel besser von der Hand.

Probleme sind auch Chancen

Der Mann ist auf Geschäftsreise, ruft an und verkündet, dass er zwei Tage später kommt, weil die Verhandlungen sich hinziehen. Das Kind hat Keuchhusten, der Hund Liebeskummer und sitzt den ganzen Tag jaulend vor der Tür, der Big Boss ist sauer, denn er braucht die aktuellen Zahlen heute und nicht erst nächste Woche, kein potentieller Babysitter ist greifbar. Irgendwie schaffen Sie es und manchmal wissen Sie gar nicht, wie Sie das wieder hingekriegt haben. Erschöpft atmen Sie auf, wollen sich gedanklich auf die Schulter klopfen für so viel Organisationstalent – doch Sie kommen nicht dazu. Schon zeichnet sich die nächste Katastrophe ab. Einmal, zweimal, ja sogar dreimal schaffen Sie es. Aber es wird zu einem Dauerzustand. Der Dampf ist raus, die Puste geht zu Ende und die Frage stellt sich: Warum bin ich ständig in einer solch chaotischen Situation?

Weil Sie nicht daraus gelernt haben! Vorbeugen ist besser als Heilen – das sagt man leicht dahin. Und wie mit Kreuzschmerzen gehen wir mit unseren Problemen um. Kaum fühlen wir uns nach einem Hexenschuss besser, lassen wir die vorbeugende Gymnastik weg. Nach der gerade abgewendeten Katastrophe vergessen wir die vorbeugende Planung. Es geht ja jetzt wieder gut und deshalb sehen wir keine Notwendigkeit, Vorsorge für künftige Notfälle zu treffen. Aber vergessen Sie nicht: Die Rechnung müssen Sie bezahlen, wenn es wieder so weit ist.

Schliddern Sie nicht von einer Katastrophe in die nächste. Betreiben Sie rechtzeitig Krisenmanagement, für den Fall, dass wieder alles schief läuft.

Nicht vergessen: Krisenmanagement

Probleme sind Anzeichen dafür, dass irgendetwas schief läuft. Finden Sie die Auslöser, erkennen Sie den wahren Grund, dann können Sie rechtzeitig handeln. Vielleicht haben Sie sich von Anfang an zu viel zugemutet, haben andere nicht richtig in Ihre Planung eingebunden, haben Ihrem Boss immer das Gefühl vermittelt, im Notfall einspringen zu können ...

Irma und John (s. S. 18), unser junges Paar, steckt in der Krise, weil John sich nicht an der Hausarbeit beteiligt. Der Ärger kann eskalieren, aber die Situation kann ebenso gut dazu genutzt werden, Versäumnisse der Vergangenheit – keine klare Absprache – zu revidieren. John und Irma setzen sich intensiv mit ihrem Problem auseinander. Dabei werden dann nicht nur die Aufgaben im Haushalt verteilt, sondern die beiden befassen sich auch mit der Zukunft. Wie soll es weitergehen? Karriere oder Kinder? Nur Karriere? Und für wen? John und Irma haben gelernt, dass rechtzeitige Absprachen wichtig sind, um massiven Problemen vorzubeugen. Die Beziehung hat die erste Krise überwunden und die beiden haben die Weichen für die Zukunft gestellt: Es wird voraus-gedacht, rechtzeitig geplant, in aller Ruhe über das Für und Wider gesprochen und dann gemeinsam entschieden, wer welche Aufgaben übernehmen soll.

Jeder Streit, jeder Ärger, jede Auseinandersetzung zeigt deutlich, dass irgendetwas in Ihrem Leben nicht okay ist. Anstatt sich zu verteidigen, zu entschuldigen oder den anderen anzugreifen, sollten Sie sich lieber folgende Fragen stellen und beantworten:

Fragebogen »Krisenmanagement«

- Was ist nicht in Ordnung?
- Warum stimmt es nicht mehr?
- Wer hat die Situation verändert?
- Wie ist es zu der Krisensituation gekommen?
- Seit wann fühlen Sie sich überlastet/sind Sie so gereizt/haben Sie keine Freude mehr?
- Hat sich an den Umständen etwas geändert?
- Haben Sie Ihre Einstellung geändert?
- Was entspricht nicht mehr Ihren Vorstellungen?
- Womit sind Sie nicht (mehr) einverstanden?
- Haben Sie mit Ihrem Partner/Ihrem Kind/Ihrem Boss darüber gesprochen?
- Was haben Sie vereinbart, um die Situation zu verändern?
- Wurde das durchgeführt?
- Von wem?

Leben ist Bewegung. Auch das Denken und Fühlen ändert sich. Dementsprechend müssen entweder alte Vorstellungen aktualisiert oder das Verhalten geändert werden.

Denken Sie wie der Philosoph Sören Kierkegaard? »Heirate – und du wirst es bereuen. Heirate nicht – und du wirst es auch bereuen.« Vielleicht haben Sie schon oft zu Ihrem Partner gesagt: »Die Kinder, der Beruf und deine unzähligen Überstunden sind mir zu viel.« Vielleicht hat Ihr Liebster Ihnen bereitwillig Unterstützung angeboten, aber es ist beim guten Vorsatz geblieben. Weder hat er sich um die Telefonnummer der viel gepriesenen und preiswerten Putzperle seines Kollegen gekümmert noch seine Versprechung wahr gemacht, die Kinder jeden Morgen mit zur U-Bahn zu nehmen, noch ist er einmal zur Elternsprechstunde gegangen. Vielleicht fallen Ihnen weitere zahlreiche Versprechen ein, die er gemacht und nicht gehalten hat. Der Frust steigt in Ihnen hoch, es kommt immer häufiger zu Streitereien und Sie werden immer lustloser.

Nutzen Sie jede Krise auch als eine Chance für einen Neuanfang. Ein Gespräch kann dabei eine Hilfe sein.

Krise als Chance: Das bedeutet Klärung der Situation, gemeinsam eine Lösung, einen Weg zu finden, der die Bedürfnisse aller Beteiligten berücksichtigt. Klären Sie ruhig ab, welche Ihrer Aufgaben Ihr Mann erledigen kann, nehmen Sie ihn in die Pflicht, erinnern Sie ihn an seine Zusagen und bestehen Sie darauf, dass er sie einhält. Lassen Sie sich nicht mehr mit Worten abspeisen. Ihr Mann lernt, seine Versprechen auch in die Tat umzusetzen. Vielleicht kommen dann zwar weniger Hilfsangebote von ihm – aber auf sein Wort können Sie sich wirklich verlassen. Ein weiterer positiver Aspekt: Er respektiert Sie (wieder?) mehr. Sie fühlen sich besser, weil Sie ernst genommen und zudem entlastet werden.

Warum übernehmen Frauen so ungern die Verantwortung für sich selbst? Frauen scheinen lieber eine Last an Verantwortung für die Kinder, den Ehemann, die Kollegen, den Freund, die Nachbarn zu tragen, als die Verantwortung für das eigene Handeln zu übernehmen. Warum nicht die Verantwortung für sich selbst übernehmen, warum nicht zu einem Nein stehen, wenn Frau es meint? Warum nicht klar sagen, was Frau wirklich will, und das auch tun, warum nicht konsequent zur eigenen Meinung stehen? Weil dies Selbsterkenntnis, Mut, Zielstrebigkeit und entschlossenes Handeln erfordert.

Männer handeln und Frauen leiden. Wir sind die Opfer, sie sind die Täter. Da stimmt doch etwas nicht. Wir werfen den Männern vor, egoistisch zu sein, wenn sie uns mit den Kindern, dem Teilzeitjob und der Schwiegermutter allein lassen und nur an ihre Karriere oder an ihre Hobbys denken. Doch anstatt die Probleme wirklich zu lösen, machen wir Vorwürfe; anstatt zu handeln, werden wir passiv und depressiv. Anstatt konstruktiv zu denken, uns mit Partner, Chef, Oma auseinander zu setzen, übernehmen wir immer mehr Aufgaben, lassen uns lieber von dieser Bürde erdrücken, als an uns selbst zu denken und unsere Ziele zu verfolgen.

Wenn wir zufrieden sind, sind auch andere zufriedener. Zufriedene Menschen sind angenehme Zeitgenossen – sie sind leistungsfähiger und glücklicher!

Aus Fehlern lernen

Sie haben sich alles aufbürden lassen, haben nicht gelernt, Nein zu sagen, lassen sich von Freunden und Fremden ausnutzen, Sie tragen ganz selbstverständlich die Hauptlast in der Familie. Okay – das war bis heute so. Aber Sie wissen auch, dass zu jeder Situation zwei gehören: das Opfer und der Täter, einer, der ausnützt, und einer, der sich ausnützen lässt. Sie blicken jetzt durch, Sie sehen klarer.

Wenn Sie ehrlich mit sich sind, sich nicht scheuen, die wahren Ursachen für Ihr eigenes Verhalten und für Ihre augenblickliche Lebenssituation aufzudecken, dann können Sie viel tun. Lassen Sie es nicht bei der Theorie, gehen Sie in die Praxis über. Denken Sie nicht nur, reden Sie nicht nur, sondern handeln Sie. Fehler sind wie Lehrer, die uns unsere Schwächen vor Augen halten. Heute haben wir noch einmal Ja gesagt, aber morgen haben wir die Lektion wirklich gelernt: Morgen handeln wir! Morgen sagen wir wirklich Nein!

Strategie »Aus Fehlern lernen«

Halten Sie sich nicht mit den Fehlern auf, das ist Zeitverschwendung. Es reicht, dass Sie sie gemacht haben. Befassen Sie sich lieber damit, was Sie das nächste Mal in ähnlicher Situation anders machen wollen, denken Sie voraus.

Sie wollen nicht mehr:

- den Wochenenddienst zweimal nacheinander übernehmen. Sie nehmen diese Zusage zurück.
- das Zimmer des Söhnchens aufräumen. Sie lassen alles liegen, bis er es in seinem eigenen Chaos nicht mehr aushält.
- den Hund der Nachbarin während der Ferien pflegen. Sie sagen rechtzeitig ab.

Sie wollen:

- sich bei dem Computerkurs an der Volkshochschule anmelden und den Kinderabholdienst für die Zeit des Kurses an eine andere Mutter delegieren.
- Ihrem Mann sagen, dass Sie keine Zeit haben, seine Buchhaltung weiterhin kostenlos zu machen. Er verdient so viel, dass er für diese Arbeit jemanden engagieren und bezahlen kann. Aus der Anfangsphase, in der Geld wirklich knapp war, sind Sie schon lange raus. Machen Sie einen konkreten Vorschlag, welche Firma nun in Frage kommt.
- eine bestimmte Zeit pro Tag/Woche für sich haben. Sie legen Ihre »freie« Zeit fest und tun das, was Ihnen Freude macht. Organisieren Sie jemanden für die Kinder oder vereinbaren Sie mit anderen Müttern, dass dies Ihr freier Nachmittag ist und Sie dafür an einem anderen Tag für die Kinder einsatzbereit sind.

Planen Sie jeden Morgen konkret Ihren Tagesablauf. Gehen Sie bewusst in den Tag. Denken Sie, bevor Sie handeln, und überhören Sie nicht Ihre innere Stimme.

Lernen Sie, Dinge hinzunehmen

Akzeptieren, Situationen hinnehmen – das erscheint als Widerspruch zu der Aussage: »Alles ist zu ändern, wenn man es nur will.« Der Verlust eines Partners, ein behindertes Kind, die Kündigung – nur einige Beispiele für Situationen, die nicht zu ändern sind. Von einem Augenblick auf den anderen hat sich Ihr Leben verändert. Haben Sie Ihren Partner verloren, scheint erst einmal die Welt unterzugehen, alles bricht zusammen – alle Pläne, die Sie für die Zukunft gemacht haben, sind hinfällig. Sie können in diesem Fall nichts ändern. Sie stehen erst einmal unter Schock, dazu kommen die Trauer, vielleicht Vorwürfe, was Sie versäumt haben, Angst vor der Zukunft. Plötzlich allein – mit zwei kleinen Kindern, einem Haus, das noch nicht abbezahlt ist, einer Teilzeitbeschäftigung, kranken Eltern und Schwiegereltern, die im Ausland leben. Es fällt schwer zu akzeptieren, dass Ihnen dieses Unglück widerfahren ist, ausgerechnet Ihnen und ausgerechnet jetzt.

Auch eine schlimme Situation muss erst einmal akzeptiert werden. Erst dann haben Sie den Kopf frei, diese in irgendeiner Form wieder aufzulösen.

Je eher Sie das aber akzeptieren, desto besser ist es. Ob Sie mit dem Schicksal hadern, aus Angst vor der Zukunft kaum noch schlafen können – egal, was Sie tun, es ändert gar nichts. Sie müssen Ihre Situation annehmen. Trauern Sie, erhalten Sie sich die schönen Erinnerungen, bewahren Sie die gemeinsame Zeit in Ihrem Herzen auf, aber schauen Sie auch nach vorn. Fangen Sie an, einen neuen Lebensplan zu machen.

Die Situation akzeptieren

Ihr Kind hat hohes Fieber, es besteht Verdacht auf Scharlach. Sofort fallen Ihnen die Horrorgeschichten ein: Hat nicht der Sohn einer Kollegin sein Hörvermögen durch Scharlach verloren? Sie sind in heller Aufregung. Aber was ändert das? Einen kühlen Kopf bewahren, den besten Arzt suchen, alle notwendigen Maßnahmen einleiten (Ansteckungsgefahr, Urlaub nehmen, das andere Kind bei Oma und Opa unterbringen) und versuchen, die Situation so gut wie möglich zu meistern. Das beginnt damit, dass Sie Ihre Nerven behalten und sich auf eine Lösung konzentrieren. Als Erstes muss die Situation akzeptiert werden, dann haben Sie alle Energien frei, können Ihrem Kind so am besten helfen, bekommen die Situation in den Griff.

Eine gravierende äußere Veränderung (Kündigung, Krankheit, der Tod eines nahen Angehörigen) ist oft Anlass, das ganze Leben neu zu überdenken. Sie haben sozusagen eine »Pause« verordnet bekommen. Nutzen Sie sie. Manchmal sind Unglücksfälle geradezu nötig, um aus dem gewohnten Trott auszusteigen, die gewohnten Verhaltensweisen abzulegen und alles ganz neu zu durchdenken, neue Wege einzuschlagen, an die man in der so genannten Sicherheit gar nicht gedacht hat. Wenn Sie die Situation annehmen, dann haben Sie alle Kraft frei für Neues (»Probleme sind auch Chancen«, s. S. 116). Nicht gegen die Situation kämpfen; dabei gehen Sie nur kaputt. Akzeptieren Sie Unveränderliches und denken Sie in Lösungen.

Leben Sie bewusst. Konzentrieren Sie sich auf das, was Sie jetzt tun, und akzeptieren Sie das, was auf Sie zukommt.

Bewusst handeln

Jeder Tag ist ein wichtiger Tag in Ihrem Leben. Jeder Tag ist einmalig und kommt nie mehr zurück. Carpe diem (Nutze den Tag): Jede Stunde ist kostbar und zu schade, sie einfach dahinziehen zu lassen.

Geht es Ihnen auch so: Sie schreiben gerade auf, was Sie einkaufen wollen, gleichzeitig rufen Sie nach Ihrer Tochter, damit sie das Telefon abnimmt. Während Sie weiterschreiben, hören Sie mit einem Ohr auf das Gespräch, das Ihre Tochter führt. In diesem Moment fällt Ihnen ein, dass Sie unbedingt noch die Blumen gießen und den Zahnarzttermin umbuchen müssen. Und später beim Kochen merken Sie, dass Sie einige wichtige Zutaten beim Einkauf vergessen haben.

Machen Sie wirklich nur eine einzige Sache, selbst wenn es um so geringe Tätigkeiten wie Staubsaugen geht: Tun Sie es bewusst, konzentrieren Sie sich auf diese Tätigkeit. Sie kommen schnell voran, gewinnen Zeit und das Ergebnis ist sehr gut – Sie können mit sich zufrieden sein.

Bewusstes Handeln ist ein wichtiges Kriterium in vielen Philosophien und Religionen. Die Konzentration auf die Sache, die man gerade tut, sollte das Wichtigste sein. Sie lesen gerade diese Zeilen. Sind Sie wirklich ganz bei der Sache?

Arbeiten Sie, wenn Sie arbeiten (müssen), bewusst und mit Freude. Dann haben Sie viel mehr von allem, was Sie tun – und Sie tun es auch besser.

Schauen Sie sich doch die Resultate an, die wir mit den Gedanken erzielen, die sich verselbstständigen und unkontrolliert in unserem Kopf herumschwirren. Nur in der Ruhe liegt die Kraft. Wir gewinnen nämlich keine Zeit, wenn wir versuchen, verschiedene Dinge gleichzeitig zu erledigen. Wir brauchen sogar erheblich mehr Zeit, weil wir einmal hier, dann wieder dort sind. Mit den Gedanken ist das nicht anders. Gedankensprünge kosten ebenso Zeit und Kraft und vieles bleibt dabei im wahrsten Sinn des Wortes auf der Strecke.

Anstatt einen Gedanken oder eine Handlung zu Ende zu bringen und sich dann der nächsten Aufgabe zu widmen, haben wir einen Gedankenmix. Und das Ergebnis spricht für sich: Stress, Hektik, Unzufriedenheit und mittelmäßige Leistung. Wenn wir bewusst handeln, leben wir auch bewusst – und dann lassen wir uns nicht mehr hetzen, setzen uns selbst nicht unter Druck.

Strategie: »Bewusst handeln«

- Leben Sie im Hier und Jetzt.
- Entscheiden Sie bewusst, was Sie wann tun.
- Tun Sie nur eine einzige Sache – voll konzentriert.

Stellen Sie sich folgende Situation vor:

Sie spielen mit Ihren Kindern. Lassen Sie sich durch nichts ablenken. Gehen Sie auf die Kinder ein, lassen Sie sich von dem Spiel mitreißen. Es gibt nichts anderes für Sie in diesem Moment – nur das Spiel mit den Kindern. Vertreiben Sie jeden Gedanken, der nichts mit ihrer augenblicklichen Beschäftigung zu tun hat. Fällt Ihnen ein, dass Sie ein neues Rezept ausprobieren, Ihre Freundin anrufen oder Urlaub einreichen wollen, dann stoppen Sie diese Gedanken so schnell wie möglich. Das ist ungewohnt, denn es ist normal für uns, mehrere Dinge gleichzeitig zu tun. Wir sind zwar hier, aber (geistig) nicht da, sind gar nicht richtig mit allen Sinnen anwesend. Wenn Sie aber anfangen, Ihre Gedanken zu kontrollieren, dann können Sie bewusster agieren. Kommen Sie also wieder zurück zu Ihrer augenblicklichen Tätigkeit. Weil sich Ihr Wahrnehmungsvermögen verbessert hat, bemerken Sie auch, dass Ihre kleine Tochter nicht so fröhlich ist wie sonst, dass Ihr Sohn heute mit seinem besten Freund noch kein Wort gewechselt hat. Kleinigkeiten mit oftmals großen Auswirkungen, die Sie bisher vielleicht nicht bemerken konnten, weil Sie mit Ihren Gedanken gar nicht auf dem Spielplatz, sondern im Büro waren.

Kleine Entscheidungen – große Wirkung

Mit dem Thema »Entscheidung« haben wir uns bereits befasst. Sie haben Ihre grundlegenden Prioritäten festgelegt. Jetzt machen wir den nächsten Schritt – wir gehen ins Detail, in den Tagesablauf. Es geht darum, dass Sie in Ihrem Leben das abgeben, was Sie belastet, was Ihnen zu viel ist. Sie haben diese Punkte notiert. Aber haben Sie auch tatsächlich die Entscheidung getroffen oder ist es bisher bei einem Lippenbekenntnis geblieben? Suchen Sie aus Ihren Listen nun die Punkte heraus, die Sie unter der Rubrik »Wünsche« aufgeschrieben haben. Befassen Sie sich in aller Ruhe mit jedem einzelnen Thema und markieren Sie in einer auffälligen Farbe die Punkte, für deren Realisierung Sie sich entscheiden. Nehmen Sie sich nicht zu viel auf einmal vor.

Wichtig ist, dass Sie Ihre Entscheidungen wirklich durchführen, dass Sie handeln und nicht mitten in der Phase des Analysierens, des Planens und Überdenkens stecken bleiben.

Beispielsweise haben Sie sich definitiv entschieden:

- nicht mehr für Ihre Kollegin Huber einzuspringen, wenn sie überlastet ist (Nein sagen);
- Sohn Max künftig den Hund am Nachmittag ausführen zu lassen (delegieren);
- einen Nachmittag in der Woche für sich »frei« zu nehmen (eigene Bedürfnisse leben).

Manchmal tut man etwas wie auf Knopfdruck, ohne nachzudenken, obwohl man es nicht will.

Unsere Abteilungsleiterin, Frau Maier (s. S. 37), merkt plötzlich, dass sie wie eine Maschine auf Knopfdruck anspringt, sobald es in ihrem Umfeld etwas zu tun gibt. »Ich denke gar nicht mal darüber nach, ich tue es einfach – und das will ich ja gar nicht«, wird ihr klar. »Ich muss tun, was in meinen Bereich fällt – dafür werde ich bezahlt. Aber alles andere entscheide ich bewusst von Fall zu Fall«. Bei der nächsten Abteilungsleiterbesprechung wird die Überarbeitung der Formulare beschlossen. Erwartungsvoll blicken alle auf Frau Maier, als es darum geht, wer diese Arbeit übernimmt. Aber auch Frau Maier schaut erwartungsvoll in die Runde, fühlt sich gar nicht (mehr) angesprochen.

Strategie »Entscheidung«
Die Entscheidung, was Sie tun oder nicht mehr tun wollen, haben Sie getroffen. Nun geht es an die Realisierung:

Stellen Sie sich vor, bei der Besprechung warten alle darauf, dass Sie – wie gewohnt – die Arbeit übernehmen. Versetzen Sie sich in diese Situation. Der erwartungsvolle Blick – und Sie, Sie atmen tief durch und sagen gar nichts. Sie brauchen nur zu schweigen. Schauen Sie die anderen ebenso erwartungsvoll an. Und passiert das Schreckliche, sagt der Boss: »Frau Maier, Sie haben doch immer …«, dann können Sie mit ruhiger Stimme sagen: »Nein, das kann ich nicht übernehmen; es fällt nicht in meinen Bereich.« Wie, glauben Sie, fühlen Sie sich? Genießen Sie in Ihrer Vorstellung dieses Gefühl der Erleichterung: Ich habe es geschafft! So stellen Sie sich kritische Situationen vor. Tauchen Sie ganz ein in die Situation, in die Gefühle, die Sie haben, wenn Sie den entscheidenden Schritt gemacht und Nein gesagt haben.

Überprüfen Sie alle Ihre Handlungen. Wie denken Sie? Outen Sie versteckte Nicht-Entscheidungen. Schreiben Sie auf, was Sie anders machen möchten und überprüfen Sie jede Woche, ob Sie sich an Ihre Entscheidung gehalten haben. Last but not least: Lernen Sie, Ihre Meinung ruhig zu vertreten, denken Sie immer daran: Sie können, wenn Sie wollen!

Fazit: Jeder kleine Erfolg ist ein Beweis dafür, dass eine Veränderung möglich ist, wenn Sie eine Entscheidung energisch vertreten.

Lassen Sie Schuldgefühle nicht mehr zu!

Unser ausgeprägtes Pflichtbewusstsein sorgt dafür, dass wir schnell ein schlechtes Gewissen kriegen. Sind wir denn die Einzigen, die verantwortlich sind oder verantwortlich gemacht werden dürfen für die schlechten Noten der Kids, das Chaos in der Wohnung, den Berg Wäsche und die Mahnung wegen des vergessenen TÜV-Termins? Haben Ihre Kinder nicht auch einen Vater, können nur Sie alles managen, alle Termine berücksichtigen, können die Kinder nicht selbst aufräumen? Es ist Zeit, dass Sie sich von diesen Vorstellungen einer Über-Mutter und Super-Hausfrau verabschieden.

Der Mythos von der treusorgenden Ehefrau und liebevollen Über-Mutter hält sich hartnäckig in den Köpfen. Lösen Sie sich endlich davon!

Das Bild der Mutter, deren Lebensinhalt Kinder und Haushalt sind, ist auch im Internet-Zeitalter in den meisten von uns noch erhalten geblieben, selbst wenn wir uns das nicht eingestehen wollen. Es spielt keine Rolle, ob wir uns für Kinder und Mann entschieden haben oder alles auf die Karriere setzen. Der Mythos von der Mutter bzw. der liebenden, sich für den Mann aufopfernden Gattin ist tief in uns verankert und verursacht ein permanentes schlechtes Gewissen, das wir bis zum Ende unserer Tage mit uns herumschleppen, wenn wir uns nicht endlich von diesem Klischee verabschieden.

Warum ist das so? Weil uns eingeprägt wurde, dass nur eine Mutter wirklich für das Kind sorgen kann, dass nur sie allein das Kind wirklich versteht und ihm geben kann, was es braucht. Eine gute Mutter ist rund um die Uhr für die Kleinen da.

Je mehr wir uns aufopfern, desto bessere Mütter sind wir; je weniger wir an uns denken, desto besser entwickeln sich die Kinder – so wird auch heute noch geurteilt.

In anderen Ländern, beispielsweise in Frankreich, ist die Berufstätigkeit von Müttern eine völlig normale Sache. Gesagt werden muss allerdings auch, dass die äußeren Voraussetzungen dort wesentlich besser sind als bei uns – z. B. Schulzeiten bis in den späten Nachmittag, Schulbusse etc. Die Kinder verkraften es hervorragend, nicht die meiste Zeit mit den Müttern zu verbringen. Sie entwickeln sich mindestens ebenso gut wie deutsche Kinder, die von ihren Müttern ständig umsorgt werden, womit bewiesen ist, dass die Entwicklung eines Kindes also nicht allein von dem Rund-um-die-Uhr-Einsatz der Mutter abhängen kann.

Machen Sie sich deshalb ein für alle Mal frei vom Mutter-Mythos! Vielleicht haben Sie auf einen Job verzichtet – aus Pflichtgefühl, wie Sie sagen. Aber was heißt das im Klartext? Einen Job zu haben bedeutet doch nicht automatisch die Vernachlässigung der Kinder. Wenn Sie ebenso an sich, an Ihre Weiterentwicklung, an Ihre eigene Zukunft denken – gehört das nämlich auch zu Ihren Pflichten. Unterscheiden Sie zwischen wirklichen Pflichten (s. S. 41) und den Schein-Pflichten, also den Erwartungen, die andere Menschen an Sie herantragen. Dann können Sie Ihre Schuldgefühle leicht loslassen. Wer sich damit nicht rechtzeitig auseinander setzt, kommt schnell in Teufels-Küche, sitzt in der Falle.

Isa (s. S. 49) leidet schwer an ihrem schlechten Gewissen. Ihrem Vater ginge es besser, wenn sie mehr Zeit für ihn hätte. Zudem fühlt sie sich verpflichtet, schließlich ist er ihr Vater, hat sie aufgezogen, ihr eine schöne Kindheit ermöglicht und ihre Ausbildung finanziert. Muss sie da nicht Rücksicht nehmen? Andererseits war sie immer auch für ihre Eltern da, tut jetzt viel für den Vater. Doch nie ist er zufrieden, immer will er mehr. Isa ist hin- und hergerissen. Erst durch viele Gespräche mit Freunden kann sie den für sie richtigen Weg finden.

Die Fragen, mit denen sie sich auseinander setzt, lauten: Was tue ich gern für meinen Vater, was kann ich überhaupt nicht tun? Was ist mir am wichtigsten, auf was kann ich am ehesten verzichten? Wie wichtig ist mir Vaters Wohlbefinden, wie viel bin ich bereit, dafür aufzugeben? Es ist ein langwieriger Prozess, doch mit jeder Erkenntnis und jeder kleinen Entscheidung, die Isa trifft, fühlt sie sich besser. Sie führt viele Gespräche mit ihrem Vater, damit er verstehen kann, warum sie so und nicht anders handelt. Sie findet langsam einen für sie gangbaren Weg, bei dem sie ihr Leben lebt (= Priorität 1) und für ihren Vater so viel tut, wie sie kann. Zwar ist ihm das längst nicht genug, doch das belastet Isa nicht mehr, denn sie hat ihre Entscheidung nach reiflicher Überlegung getroffen. Sie kann gut damit leben, weil sie so viel gibt, wie sie kann, sich aber auch das Recht auf ein eigenes Leben zugesteht. Direkte oder versteckte Vorwürfe finden keinen Boden mehr bei ihr.

Machen Sie sich frei von Schuldgefühlen und Gewissensbissen. Vergessen Sie in Ihrer Fürsorge für andere Menschen nicht Ihr eigenes Leben!

Strategie »Schuldgefühle loslassen«

- Setzen Sie sich intensiv mit den Gefühlen auseinander, die in Ihnen ein schlechtes Gewissen hervorrufen.
- Lassen Sie sich nicht von anderen Menschen bestimmen.
- Entscheiden Sie selbst über Ihr Handeln.
- Denken Sie an Ihre Zukunft.

Bei allen Situationen, in denen Sie ein schlechtes Gewissen verspüren, prüfen Sie sofort:

Woher kommt das Schuldgefühl?

- Lasse ich mich zu sehr in eine Rolle (Mutter) drängen, in der ich mich nicht wohl fühle, stehe ich nicht ganz hinter einer Entscheidung, lasse ich mich emotional erpressen, unter Druck setzen oder erfülle ich Pflichten nicht richtig, bin ich nachlässig, egoistisch … ?
- Trifft mich der Vorwurf, ein Egoist zu sein, weil ich insgeheim glaube, die Familie zu vernachlässigen, wenn ich auch mal an mich denke, mir Freiräume schaffe?

Damit Sie wirklich »klar« sehen, listen Sie einmal auf, wie viel Freiraum jeder in der Familie hat, wie viel Zeit für Vergnügen, Sport, Hobbys und Interessen. Ich bin sicher, Schuldgefühle können Sie nun ruhigen Gewissens loslassen.

Lösen Sie das negative Gefühl auf. Nach dem Motto »Fehler erkannt – Fehler gebannt« können Sie unangebrachte Schuldgefühle loslassen.

- Stelle ich mich gegen eine gängige Meinung (Mutterrolle) und macht mir das zu schaffen?

Lernen Sie, konsequent zu Ihrem Entschluss zu stehen. Sie brauchen keine Schuldgefühle zu haben. Bestimmen Sie Ihr Leben, Ihre Ziele und Werte selbst. Machen Sie sich frei von den Vorurteilen anderer. Sprechen Sie mit den Betroffenen (Partner, Kind/ern) über die Situation.

- Werde ich immer wieder daran erinnert, dass ich verpflichtet bin?

Setzen Sie klare Grenzen.

- »Ich habe einen Fehler gemacht und bin schuld, dass der Tag vermiest ist.«

Sagen Sie das nie. Denn Schuldgefühle helfen nicht, selbst wenn Sie schuld sind, denn es ändert sich durch dieses Gefühl nichts. Lernen Sie aus Ihrem Fehler, ent-schuldigen Sie sich bei den Betroffenen und machen Sie es das nächste Mal anders, besser. Verzeihen Sie sich, dann können Sie das Beste aus dem Tag machen.

Ein entschiedenes Nein ist besser als ein halbherziges Ja

Haben Sie sich schon gefragt, warum Sie so oft gereizt sind? Liegt es vielleicht daran, dass Sie mit dem Wort NEIN nicht so gut zurechtkommen? Jahrelang haben Sie eigene Interessen zurückgesteckt, damit Ihr Mann nervlich und zeitlich nicht mit Haushalt und Familie belastet ist und sich seiner Karriere widmen kann, haben (fast) klaglos ertragen, dass alles an Ihnen hängen blieb. Immer haben Sie geglaubt, wenn er sein Ziel erst einmal erreicht hätte, würde alles anders. Und dann wären Sie an der Reihe. Weit gefehlt: Er sitzt längst ganz fest in seinem Chefsessel, während Sie weiterhin für Kind und Kegel, Katze und Garten zuständig sind. Stets haben Sie Ja gesagt und es fiel Ihnen immer schwerer, aber nie ergab sich die passende Gelegenheit für eine Klärung. Und nun ist es so weit: Sie werfen Ihrem Mann den Frust der letzten acht Jahre an den Kopf. Alles sprudelt aus Ihnen heraus, Sie können die Worte gar nicht mehr kontrollieren. Ihr Mann steht da – völlig sprachlos. Das hat er noch nicht erlebt. Er kann Sie gar nicht verstehen, weiß kaum, wovon Sie sprechen. Sie haben doch nie etwas abgelehnt, haben doch alles gern gemanagt. Er dachte, Sie wären damit zufrieden – Sie haben ja nie etwas anderes behauptet. Nicht nur Überlastung, sondern auch noch das Gefühl, ausgenutzt zu werden, eigene Vorstellungen nicht realisieren zu können und dazu noch Missverständ-

Nicht nur das Gefühl, ausgenutzt zu werden, sondern auch eigene Ideen nicht verwirklichen zu können, führen auf Dauer zur Verbitterung. Deshalb rechtzeitig Nein sagen lernen!

nisse – das ist das Resultat, weil Sie jahrelang Ja gesagt haben, obwohl Sie oft lieber Nein gesagt hätten.

Strategie »Nein sagen«

Lernen Sie, das Wort NEIN zu lieben. Üben Sie in kleinen Dingen, Nein zu sagen. Erkennen Sie Ihren Wert und »verkaufen« Sie sich und Ihre Leistung nicht unter Wert. Schreiben Sie die drei wichtigsten Situationen auf, in denen Sie endlich Nein sagen wollen. Stellen Sie sich die Situationen bildhaft vor. Sehen Sie, wie Sie Ihre Meinung in aller Ruhe und völlig sicher vertreten.

So lernen Sie, Nein zu sagen:

- Seien Sie freundlich, aber bestimmt.
- Machen Sie keine Ausflüchte, nennen Sie den wahren Grund für Ihre Absage.
- Sprechen Sie langsam und deutlich, blicken Sie Ihr Gegenüber an.
- Freuen Sie sich, wenn Sie es in Situationen, in denen Sie bisher halbherzig Ja sagten, fertig bringen, NEIN zu sagen.
- Bauen Sie auf diesem Erfolg auf.

Margret (s. S. 62) ist endlich so weit. Sie setzt sich zur Wehr, macht sich ein Nein-Sager-Programm. Sie sagt

- **ihrer wohnungssuchenden Freundin:**
  »Ich habe lange mit dir gesucht und viel von meiner spärlichen Freizeit geopfert. Jetzt reicht mir das, zumal ich sehe, dass es keine Wohnung gibt, die dir gefällt.«
- **im Büro:**
  »Ich möchte mein Privatleben mehr genießen und kann deshalb nicht jeden Abend länger bleiben.«
- **dem Partner:**
  »Ich bin nicht mehr bereit, allein für den Haushalt zu sor-

gen. Ich möchte eine faire Arbeitsteilung und habe hier einen Plan aufgestellt, über den wir uns in aller Ruhe unterhalten sollten.«

- **zu Klein-Sina:**
  »Wir machen künftig die Besuche wechselseitig, d.h. du gehst zu deinen Freundinnen ebenso oft, wie sie hier sind.«

Sina erhält eine klare Aufgabenzuweisung, die überprüft wird.

Das Wunder geschieht. Margret braucht nicht mehr in Krankheit zu fliehen, sie blüht förmlich auf. Endlich fühlt sie sich wohl in ihrer Haut. Veränderungen sind sichtbar: Ihr Mann ist aufmerksamer geworden, entdeckt auf einmal, dass Hausarbeit wirkliche Arbeit ist, im Büro wird sie um ihre Meinung zu verschiedenen Problemen gefragt und auch die Freundin hat sich wieder beruhigt. Nur die Kleine schmollt noch ...

Strategie »Der langsame Rückzug«

Jill (s. S. 16) möchte – aus welchen Gründen auch immer – den Kontakt zu Ihrem Exmann nicht abbrechen, aber auch seine Frauengeschichten nicht mehr hören. Ihre Zielplanung:

- nicht jedes Mal verfügbar sein (beispielsweise jedes zweite Mal absagen)
- Treffen nicht mehr bei ihr zu Hause, sondern beim besten Franzosen. Damit das klappt, reserviert Jill den Tisch.
- beim Gespräch den aktiven Part ergreifen und das Thema wechseln, wenn wieder sein Liebesleben zur Sprache kommt. Gelingt das nicht, will sie ganz offen zu ihm sagen: »Ich unterhalte mich gern mit dir, aber nicht über deine Frauengeschichten.«

Fazit: Ja-Sagen macht nicht beliebt. Aber wahren Sie Ihre Persönlichkeit, setzen Sie sich durch. Behaupten Sie sich gegen die Ansprüche anderer, bestimmen Sie selbst in Ihrem Leben.

Das Wundermittel Kommunikation

Entscheidungen, Schuldgefühle, Nein sagen, Arbeiten delegieren – wie Sie das bewältigen, hängt stark von Ihrer Fähigkeit zur Kommunikation ab. Wenn Sie nicht wirklich richtig verstehen, was der andere sagt, sondern nur annehmen, glauben, unterstellen oder vermuten und darauf Ihr Handeln stützen, erleben Sie so manches Wunder. Umgekehrt wundern Sie sich aber auch des Öfteren, warum niemand Sie versteht.

»Die Sprache ist die Quelle aller Missverständnisse« sagte bereits der französische Schriftsteller Antoine de Saint-Exupéry. Es hapert bei vielen Menschen an der Fähigkeit, Wünsche und Bedürfnisse dem Gesprächspartner so zu vermitteln, dass er verstehen kann, was wir meinen. Wie viel reden wir und wie wenig verstehen wir!

Jedes Wort ist automatisch mit Emotionen und bestimmten Vorstellungen verbunden, wobei jeder Mensch nach seinen individuellen Erfahrungen wertet.

Hat das Wort »Geld« in Ihrem Sprachschatz eine positive Bedeutung, weil Geld mit Begriffen wie »sich etwas leisten können, Genuss, Vergnügen« verbunden ist, so kann das bei Ihrer Freundin ganz anders sein. Für sie kann Geld gleichbedeutend sein mit Macht, denn sie hat erfahren, dass jemand, der viel Geld hat, andere beherrscht. Sie sehen es – ein simpler Satz und eine Reihe von Vermutungen, Befürchtungen, Ängsten läuft in Ihrem Kopf ab. Nichts ist schwieriger als Kommunikation. Das gilt ganz besonders in der Familie. Hier macht man sich kaum Mühe, hier wird am wenigsten Rücksicht genommen. Die Meinung, zu Hause darf/kann ich alles sagen, ist leider weit verbreitet. Sollten nicht die Menschen, die einem besonders nahe stehen, auch besondere Aufmerksamkeit – angefangen bei der Kommunikation – erfahren?

Wir sprechen nicht nur mit Worten. Jeder Satz ist eine Botschaft, die aus einer verbalen und einer nonverbalen Mitteilung besteht. Ein Gespräch läuft auf mehreren Ebenen ab. Roberta macht den Kühlschrank auf. »Es ist schon wieder kein Mineralwasser da«, sagt sie vorwurfsvoll zu Robert (und meint: »Du kümmerst dich um nichts, weder um die Vorräte noch um mich«). Robert ist sauer: »Du kaufst doch schließlich ein« (und meint: »Lass mich in Ruhe, ich habe jetzt keine Lust, mich mit dir und deinen Problemen zu beschäftigen«).

Denken Sie daran: Mit Ihrer Stimme können Sie niemandem etwas vormachen. Frust, Ärger und Enttäuschung drücken sich darin unvermeidlich aus.

Auch unser Körper spricht, drückt viel deutlicher aus, was in uns vorgeht, sagt mehr als alle Worte, sagt, wie wir uns fühlen und was wir fühlen. Intuitiv werden diese Körpersignale von unserem Gesprächspartner empfangen und gewertet – so wie wir das auch tun. Wenn Sie mit Ihrer Stimme JA sagen, aber NEIN meinen, dann kann Ihr Gesprächspartner das schon verstehen – vorausgesetzt er will es überhaupt. Denn Ihr Ja hilft ihm weiter, macht sein Leben angenehmer. Ihrem Mann ist es lieber, wenn Sie das Auto zur Werkstatt bringen. Er hört deshalb auch nur das, was er hören will.

Mit Worten können Sie anderen etwas vormachen – mit der Stimme nicht. Frust, Ärger, Aufregung: Ihre Stimme verändert sich sofort. Sprechen Sie mit dem Mann Ihres Herzens, haben Sie eine andere Stimme – dunkel und weich –, als wenn Sie Ihre Kinder zum zehnten Mal auffordern, den Tisch zu decken (zunehmend höher).

Strategie »Kommunikation«

Mehr an sich selbst denken, das dann aber auch dem Umfeld richtig vermitteln – dazu gehört eine gute Portion Kommunikationsstärke. Wer sie nicht hat, kann sie erlernen und trainieren. Diese Fragen geben Ihnen Ansatzpunkte für Ihr individuelles Kommunikationstraining. Setzen Sie an Ihren Schwachstellen an!

- Was sagt Ihr Körper, wenn Sie sich ärgern, aber versuchen, den Ärger nicht zu zeigen?
- Wie verändert sich Ihre Stimme, wenn Sie sich freuen, Sie gereizt sind, Sie Ihre Kinder kritisieren?
- Lassen Sie andere Menschen ausreden oder unterbrechen Sie gern und schnell?
- Hören Sie auch wirklich konzentriert zu oder sind Sie gedanklich mit anderen Dingen befasst?
- Folgen Sie den Argumenten Ihres Gesprächspartners oder sind Sie sofort mit Ihren eigenen Gedanken beschäftigt, sobald er ein entsprechendes Stichwort sagt?
- Können Sie auch unangenehme Dinge ruhig und sachlich vorbringen?
- Können Sie streiten?
- Bereiten Sie sich vor, wenn Sie ein schwieriges Gespräch führen müssen? Oder lassen Sie es auf sich zukommen, agieren spontan?
- Haben Sie den Eindruck, dass Sie sich klar und deutlich ausdrücken und Ihre Gesprächspartner gut verstehen, was Sie wollen?
- Meinen Sie auch das, was Sie sagen?
- Sprechen Sie gern in Andeutungen und erwarten, dass der andere weiß, was Sie wollen?
- Verstehen Sie andere Menschen gut oder fällt es Ihnen schwer, deren Ausführungen wirklich zu folgen?
- Holen Sie Ihren Gesprächspartner da ab, wo er steht?

(Berücksichtigen Sie seine Situation, sprechen Sie in seiner Sprache, achten Sie auf seine momentanen Gefühle, verstehen Sie seine Körpersprache?)

- Schätzen Ihre Freunde Ihren Rat oder kommen sie nur, um zu reden? Dienen Sie sozusagen als seelischer Mülleimer?
- Können Sie anderen Menschen genau vermitteln, was Ihnen wichtig ist?
- Können Sie Ihre Meinung auch auf eine freundliche Art durchsetzen?
- Besprechen Sie kritische Dinge oder ziehen Sie sich bei Problemen eher zurück, gehen Sie Konflikten aus dem Weg?
- Ist es Ihnen unangenehm, andere um etwas zu bitten?
- Wenn ja, warum und bei wem fällt es Ihnen besonders schwer?
- Würden Sie sich als wortgewandt bezeichnen?

Sie sehen, in welchen Bereichen Sie Schwächen haben: Wenn Sie erkennen, dass Sie nicht gut mit Kritik umgehen können, andere Menschen Sie nicht so leicht verstehen oder Sie sich nicht durchsetzen können, dann ist Aktion in Richtung Rhetorik angesagt. Arbeiten Sie mit Büchern oder nehmen Sie einmal an einem Rhetorikkurs (wird auch von der VHS angeboten) teil. Eine gute Kommunikation ist im Beruf wie im Privatleben gleichermaßen wichtig. Hier finden Sie einige wichtige Strategien.

Checkliste Gesprächsführung

- Gehen Sie vorbereitet in ein Gespräch – am besten mit einer Stichwortliste.
- Achten Sie auf Ihre Sprache, überprüfen Sie Ihre Wortwahl.
- Kontrollieren Sie Ihre Stimme, Ihre Mimik, Ihre Körpersprache.
- Überlassen Sie nicht dem anderen die Gesprächsführung. Wenn Sie gut vorbereitet sind, ist es einfacher, den Verlauf in die gewünschte Richtung zu lenken, die Kontrolle über das Gespräch zu behalten.
- Worte haben eine starke Kraft; sie können aufbauen ebenso wie verletzen.
- Übernehmen Sie die Verantwortung für Ihre Worte, für Ihr Handeln.
- Drängen Sie den Gesprächspartner nicht in die »Ecke«.
- Lassen Sie sich nicht in eine bestimmte Rolle drängen, lassen Sie sich nicht manipulieren.
- Lassen Sie sich nicht unterbuttern.
- Lassen Sie sich nicht mit Floskeln abspeisen.
- Vermeiden Sie Floskeln. Sagen Sie nicht »es tut mir Leid«, wenn es Ihnen nicht wirklich Leid tut. Sie brauchen sich nicht zu entschuldigen, wenn Sie eine andere Meinung vertreten.
- Bestehen Sie auf Ihrem Recht, eine eigene Meinung zu haben.
- Führen Sie Ihre Gespräche auf einer sachlichen Ebene, dann kann emotionale Erpressung nicht greifen (»Eltern dürfen das sagen, denn sie sind ja Respektspersonen«).
- Respektieren Sie Ihren Gesprächspartner, aber verlangen Sie auch Respekt von ihm.
- Vermeiden Sie emotionale Ausbrüche. Wenn es kritisch wird, machen Sie lieber eine Gesprächspause.
- Ein Gefühlsausbruch muss nicht immer beleidigend gemeint sein. Lernen Sie zu unterscheiden.

- Vermeiden Sie Unterstellungen, fragen Sie lieber noch einmal nach.
- Vermeiden Sie, die Worte Ihres Gesprächspartners zu interpretieren. Fragen Sie ihn lieber noch einmal, was er gemeint hat.
- Bedenken Sie, dass jedes Ihrer Worte eine Auswirkung auf Ihr Gegenüber hat.
- Vermeiden Sie Beschimpfungen und Vorwürfe.
- Argumentieren Sie positiv, behalten Sie immer Ihr Ziel im Auge.
- Vertreten Sie Ihre Meinung.
- Wenn Sie keine Lösung finden können, setzen Sie einen Termin für ein neues Gespräch fest.
- Lernen Sie, besser zu formulieren. Sprechen Sie lieber von Ihren Gefühlen anstatt anzuklagen: »Ich fühle mich überlastet« statt »du lässt mich mit der Arbeit allein«.

Stellen Sie sich vor, wie das Gespräch verlaufen wird. Überlegen Sie die Argumente, die beispielsweise Ihr Mann vorbringen wird, wenn Sie Aufgaben an ihn delegieren wollen. Bereiten Sie entsprechende Antworten vor. Behalten Sie im Sinn, dass jeder Mensch automatisch erst einmal an sich und seine Vorteile denkt. Wenn es Ihnen gelingt, dem anderen Ihre Vorstellungen so zu »verkaufen«, dass er in Ihrer Idee einen Vorteil für sich sieht, dann haben Sie gewonnen. Beispiel: Durch die Arbeitsteilung haben beide mehr Freizeit. Fazit: Sie erreichen mehr, wenn Sie gut kommunizieren können.

Selbstwertgefühl gibt Selbstbewusstsein

Nicht immer sehen wir auf den ersten Blick, wie es um das Selbstbewusstsein unserer Mitmenschen bestellt ist. Martha (s. S. 42) wirkt dynamisch und sehr sicher, wenn sie mit den Kunden spricht, mit den Kindern spielt. Aber tief in ihr fehlt es: das Wissen um den eigenen Wert. Ebenso ist es mit Helma

(s. S. 46 f.): schick, flott und aktiv. Wer denkt da, sie hätte kein Selbstbewusstsein – so forsch, wie sie auftritt. Forsches Auftreten kann man lernen, damit lässt sich bei einigem Talent sogar Unsicherheit überspielen. Die meisten fallen darauf herein – auch Helma selbst. Sie hält sich für selbstbewusst. Wäre sie sich aber ihres Wertes wirklich bewusst, hätte sie längst ihre Bemühungen um Bettina eingestellt. Martha hat kaum jemals Ansprüche in ihrem Leben gestellt. Sie ist dankbar, wenn sie beachtet wird. Dass sie ein Recht auf Achtung hat, auf diesen Gedanken kommt sie gar nicht. Wenn sie ganz ehrlich zu sich ist, gesteht sie sich ein, dass sie nichts Besonderes ist.

Das Äußere eines Menschen kann täuschen. Nicht jeder, der selbstbewusst auftritt, ist auch so. Selbstwertgefühl kommt von innen und kann nicht über andere Menschen vermittelt werden.

Was habe ich schon zu bieten?, so fragt sie sich insgeheim. Alles, was ich kann, können andere auch. Deshalb muss ich mich besonders bemühen, damit ich beachtet werde. Ich muss für die Familie etwas tun, dann werden sie mich mögen, obwohl ich ein Nichts bin. Auch im Beruf kann ich keine besonderen Qualifikationen aufweisen – also muss ich extrem fleißig sein; die Konkurrenz schläft schließlich nicht. Wie kommt Martha auf diese Ideen?

Martha wurde als Kind nicht viel beachtet, die anderen waren lauter, frecher, setzten sich eher durch. Sie erinnert sich zwar nicht mehr an die Worte ihrer Mutter: »Wenn du heute dein Kleidchen nicht verkleckerst, dann habe ich dich ganz lieb; wenn du schnell mal in den Laden gehst und mir den Zucker holst, wenn du … dann bist du meine Süße«, aber sie handelt immer noch, ohne dass es ihr bewusst ist, nach diesem Prinzip. Ihr Wert wird wie schon in der Kindheit an ihrer Leistung gemessen.

Die Kindheit prägt fürs ganze Leben

An welche prägnanten Sätze aus Ihrer Kindheit erinnern Sie sich? Wurden wir nicht oft nach Leistung »bewertet«? Gute

Noten – gutes Kind; heile Kleidung – braves Kind; Mund gehalten – liebes Kind … Alles das, was unsere Mütter falsch gemacht haben, hat sich in unser Unterbewusstsein eingeprägt, hat uns zu der werden lassen, die wir heute sind. Sie wissen aus Erfahrung: Ein Kind, das geliebt und gefördert wird, dem man sagt: »Du schaffst das, du kannst das«, entwickelt ein starkes Selbstvertrauen. Einem Kind, dem man ständig eingeredet hat, dass es dumm, hässlich, faul oder unfähig ist, wird dies – schlimmstenfalls – sein ganzes Leben glauben. Andere Kinder wiederum sind unsicher, haben keinen Halt in sich selbst, weil nicht ihre Persönlichkeit angenommen und geliebt wird, sondern nur eine Leistung oder ein bestimmtes Verhalten. So hat sich eingeprägt: Tust du viel, wirst du viel geliebt. Sie haben ihren eigenen Wert, ihre Fähigkeiten und Stärken (noch) nicht erkannt, verhalten sich entsprechend und werden deshalb erst recht nicht an-erkannt.

Nicht immer ist äußerlich sichtbar, ob jemand wirklich ein gutes Selbstwertgefühl hat, selbstbewusst ist, Selbstvertrauen hat. Auch erfolgreiche Menschen, die sicher und stark wirken, können Probleme mit ihrem Selbstbewusstsein, mit ihrem Selbstwertgefühl haben. Doch sie haben gelernt, dies zu kaschieren. Niemand käme auf die Idee, dass ein Superstar, der ständig im Rampenlicht steht, nicht selbstsicher sein könnte. Sicher ist er in Berufsangelegenheiten, als Mensch ist er zutiefst unsicher. Seine Beziehungen scheitern daran.

Mutters Worte hallen immer noch in unseren Ohren: »Wenn du heute dein Kleidchen nicht verkleckerst, habe ich dich lieb …«

Strategie »Selbstwert erkennen«

Wurden Sie als Kind um Ihrer selbst willen geliebt oder mussten Sie Leistung für Liebe erbringen? Erkennen Sie Ihre Werte. Notieren Sie diese auf einem Blatt Papier. Fragen Sie sich in jeder kritischen Situation: Was bin ich mir wert? Habe ich es nötig, mich so behandeln zu lassen? Erinnern Sie sich immer wieder daran: Nur wenn ich mir selbst etwas wert bin, kann ich wert-voll für andere sein.

Strategie »Selbstbewusstsein«

Sie sind, was Sie von sich denken! Was halten Sie von sich? Schreiben Sie 20 Punkte auf, die Ihnen dazu einfallen. Beispielsweise: Ich halte mich für intelligent, belastbar, nervös, unstet … Nun bewerten Sie diese Punkte. Was ist positiv, was ist negativ?

Wie ist das Resultat: Überwiegen die positiven oder die negativen Aussagen? Können Sie die negativen Eigenschaften in positive umwandeln? Welche Stärken, Fähigkeiten, Talente haben Sie? Notieren Sie mindestens zehn Punkte und markieren Sie die, auf die Sie wirklich stolz sind.

- Halten Sie sich für einen wertvollen Menschen?
- Halten Sie sich für selbstbewusst?
- Gelten Sie als selbstbewusst? Fragen Sie die Menschen, mit denen Sie zu tun haben (Familie, im Job, Freunde, Bekannte) und vergleichen Sie deren Aussagen mit Ihrer eigenen Meinung von sich. Gibt es Diskrepanzen? Prüfen Sie, warum das so ist.
- Fühlen Sie sich jeder Situation gewachsen?
- Sind Sie überzeugt davon, dass Sie Ihre Probleme meistern können?
- Entlarven Sie Selbstbewusstseins-Killer:

Verwenden Sie oft Worte wie »eigentlich« oder »einigermaßen«?
(»Eigentlich kann ich gut Auto fahren; meine Französischkenntnisse sind einigermaßen gut« – d.h. richtig kann ich es nicht, also bin ich auch nicht richtig gut!)

Durchbrechen Sie die alten Kindheitsmuster!
Streichen Sie negative Sätze aus Ihren Selbstgesprächen. Sagen Sie nicht: »Ich habe mich blöd verhalten, ich habe mich wieder übertölpeln lassen.« Gehen Sie liebevoll mit sich um, sagen Sie: »Das habe ich gut gemacht«, klopfen Sie sich auf die Schulter. Denken Sie positiv von sich. Erinnern Sie sich an Ihre positiven Eigenschaften. Durchbrechen Sie die alten Muster: Sie sind überfordert, sehen die Schuld bei Ihrem Partner. Damit geben Sie Ihre Verantwortung für die Situation an ihn ab, d.h., Sie können bzw. wollen nicht handeln. Diese Handlungsunfähigkeit schafft Frust, Sie fühlen sich wertlos. Auch dafür geben Sie Ihrem Partner die Schuld.

Machen Sie es besser: Sie sind überlastet. Sie analysieren die Situation, finden Ansatzpunkte, etwas zu veränden. Sie können handeln – das gibt Ihnen Kraft und das Gefühl, dass Sie Ihr Leben selbst in der Hand haben. Sie haben Achtung vor sich selbst, sind sich Ihrer Fähigkeiten bewusst, Sie haben Selbstbewusstsein. Sie sehen, konstruktives Denken und Handeln ist gut für uns und führt zu Lösungen. Das bestärkt uns in unserem Tun und macht uns selbstbewusst.

Stellen Sie Ihr Licht nicht unter den Scheffel!
»Das ist ja nichts Anspruchsvolles – Haushalt, das kann doch jeder!« So werten Sie nämlich Ihre eigene Leistung ab. Wer Haushalt und Kinder managt und vielleicht dazu noch berufstätig ist, ist eine Superfrau. Seien Sie stolz darauf, was Sie alles tun und können: Sie können es mit jedem Manager aufnehmen, der nur einen Fachbereich betreut, unterstützt von einer Schar fleißiger Mitarbeiter. Sie tun viel, also sprechen Sie davon. Erzählen Sie Ihrem Herzallerliebsten ruhig, wie

Ihr Tag gelaufen ist, lassen Sie ihn teilnehmen an Ihrem Leben, an Ihrer Arbeit, an den Sorgen, Nöten und an den Erfolgen. Sie sind eine tolle Frau! Das dürfen Sie – ja sollen Sie sogar – sagen!

In der Ruhe liegt die Kraft

Das haben Sie sicher schon am eigenen Leib erfahren. Wenn einmal wieder alles drunter und drüber geht, passiert es schnell, dass man etwas übersieht. Sich hinsetzen, einen Moment abschalten, zur Ruhe finden – dann ist konzentriertes Denken wieder möglich, dann funktioniert alles viel besser.

Sie sind den ganzen Tag nur auf Trab, keine Minute bleibt für Sie, die Telefonate mit Freundinnen sind schon seit Wochen auf ein noch nie da gewesenes Minimum reduziert. Und wenn Sie dann nachts endlich im Bett liegen, können Sie nicht abschalten. Ihre Gedanken scheinen sich verselbstständigt zu haben, drehen sich im Kreis, ein Ende ist nicht abzusehen. Wenn Sie mit dem Kind lernen, denken Sie schon an die Einkaufsliste, Konzentration ist nicht mehr möglich. Wenn Sie so weiter machen, dann brechen Sie früher oder später zusammen.

Stress verursacht in der Regel nur noch mehr Stress. Hektik macht noch hektischer.

»Ruhe zieht das Leben an – Unruhe verscheucht es«, so sagte schon Gottfried Keller.

Wenn es Ihnen so geht, dann tun Sie doch einmal etwas ganz Verrücktes:

Setzen Sie sich hin – jetzt gleich. Lassen Sie alles liegen. Keine Angst, das funktioniert. Stellen Sie sich nun vor, Sie brechen sich ein Bein, können von einem Augenblick auf den anderen nichts mehr tun. Das Leben und sogar Ihr »Familienbetrieb« gehen trotzdem weiter.

Setzen Sie sich also in aller Ruhe hin. Machen Sie es sich richtig bequem, atmen Sie tief durch und dann lassen Sie den Dingen ihren Lauf. Warten Sie ab, was passiert. Sie erwarten die große Katastrophe, doch die wird nicht eintreten. Das Essen ist nicht fertig, deshalb wird keiner in der Familie verhungern. Die halbwüchsigen Kinder können ruhig mal etwas kochen. Lassen Sie sich überraschen. Die Wäsche bleibt liegen, die Zeitung – weit verstreut – auch. Bleiben Sie einfach sitzen und genießen Sie diese Freiheit, die Sie sich nehmen. Gönnen Sie sich eine Stunde Auszeit, eine Stunde Ruhe. Wenn Sie wollen, legen Sie Ihre Lieblings-CD ein, schließen die Augen und schalten ab. Lassen Sie alles um sich herum, wie es ist. Wenn Sie die Augen wieder aufmachen, dann sitzen Sie immer noch im selben Chaos wie vorher. Doch Ihnen geht es besser. Sie merken nämlich, dass alles möglich ist, wenn Sie es wollen. Vielleicht merken Sie auch, dass die eine oder andere Tätigkeit gar nicht nötig ist.

Ruhe finden Sie in sich. Ruhe benötigt erst einmal Ruhe. Schaffen Sie sich feste Ruhezeiten, in denen Sie nicht gestört werden. Hängen Sie ein Schild an die Zimmertür, schalten Sie das Telefon ab und finden Sie nach Ihrer ganz persönlichen Methode zur Ruhe. Schlafen Sie ein Stündchen, nehmen Sie sich endlich einmal Zeit für eine Gesichtsmaske, lesen Sie ein Buch, malen Sie – egal, was Sie tun, es muss Ihnen nur gut tun. Steigen Sie für kurze Zeit aus dem Trott aus. Stoppen Sie den ganzen Betrieb, der da heißt: Familie und Haushalt.

Strategie »Ruhe«

- Legen Sie Ihre persönlichen Ruhezeiten fest und halten Sie sie ein.
- Verabschieden Sie sich von der Vorstellung, immer perfekt sein zu müssen. Lassen Sie Dinge einfach einmal liegen!
- Verlangen Sie nichts Unmögliches von sich selbst, schrauben Sie Ihre Ansprüche runter und akzeptieren Sie auch mal Fehler.

- Trennen Sie Arbeit und freie Zeit strikt voneinander; nehmen Sie nicht ständig Akten mit nach Hause; lösen Sie nicht zu Hause Arbeitsprobleme und umgekehrt.
- Machen Sie Meditations- oder Entspannungsübungen (s. S. 157). Gehen Sie einmal in die Kirche – nicht unbedingt, um zu beten, sondern einfach um die Ruhe und Kraft eines solchen Ortes in sich aufzunehmen.
- Planen Sie Urlaub nach eigenen Bedürfnissen. Vielleicht verreisen Sie einige Tage allein (Schönheitsfarm, Malkurs etc.)?
- Sport hilft ruhiger zu werden, Joggen ist ein super Anti-Stress-Mittel.
- Lernen Sie abzuschalten, zu sich selbst zu finden, sich auf sich zu konzentrieren.
- Nehmen Sie sich Zeit für eigene Interessen. Es hilft schon, wenn Sie wenigstens einmal im Monat eine Ausstellung besuchen, ins Konzert gehen, sich mit Freundinnen zum Essen treffen. Führen Sie das wirklich regelmäßig durch. Solche Ruhezeiten, die Sie wirklich genießen, helfen Ihnen, Kraft zu tanken.
- Schöne Momente, Liebe, gutes Essen, gute Gespräche sollten Sie bewusst genießen.

Sie brauchen viel Kraft und Kraft wächst nun einmal aus der Ruhe: Deswegen sollten Sie in aller Ruhe möglichst viele Dinge tun, die Ihnen Freude machen und diese Augenblicke richtig genießen.

Organisieren und delegieren

Wir sind uns darüber im Klaren, dass Sie künftig nicht mehr alles so machen wollen wie bisher. Aber sind Sie sich auch wirklich darüber im Klaren, was Sie wollen. Haben wir endlich den besten aller Ehemänner so weit, dass er sich bereit erklärt, die eine oder andere Tätigkeit im Haushalt zu übernehmen, dann kommt das nächste Problem: Er muss es exakt so machen, wie wir es tun. Und das schafft Ärger.

Delegieren kann man lernen

Die Arbeiten, die Sie anderen übertragen wollen, sei es an Partner, Kinder, Eltern, sollten Sie innerlich loslassen. Das heißt: Geben Sie denjenigen die Freiheit, diese Arbeiten nach ihren eigenen Methoden durchzuführen. Geben Sie das Resultat vor, geben Sie eine Anleitung, machen Sie es auch einmal vor, aber dann lassen Sie die anderen machen.

Sie jammern, dass Ihnen mit dem Haushalt alles zu viel wird? Sie wollen aber von Ihrem Allerheiligsten nichts abgeben? Überlegen Sie, was Sie gewinnen, wenn Sie andere mithelfen lassen.

Befragungen haben gezeigt, dass die meisten Frauen äußerst ungern Arbeiten im Haushalt abgeben, weil sie glauben, niemand könne es so gut wie sie. Es braucht auch nicht so gut zu sein. Hauptsache, es wird ordentlich gemacht und Sie sind entlastet (Prioritäten setzen!). Streichen Sie Gedanken, wie »Nur was ich selbst mache, ist auch wirklich perfekt«, »Peter kann keinen Salat kaufen« etc. Ihr Ziel ist die Entlastung! Außerdem geben Sie Ihren Familienmitgliedern die Möglichkeit, zu lernen. Seien Sie nicht zu streng, gehen Sie gnädig mit ihnen um.

Beim Putzen lassen sich viele Frauen noch gerne helfen, aber wenn es darum geht, eine Haushaltshilfe zu engagieren, die sich halbtags oder sogar den ganzen Tag um alles kümmert, entsteht möglicherweise das Gefühl, einen eigenen, ganz persönlichen (intimen?) Bereich an eine fremde Person abzugeben. Klären Sie mit sich selbst ab, wie es sich bei Ihnen damit verhält. Es ist nämlich für einen Partner schwer verständlich, wenn Sie einerseits klagen, Sie seien überlastet, sich dann aber gegen Hilfe – vielleicht auf die sanfte Art – zur Wehr setzen. Lassen Sie sich helfen! Und machen Sie es nicht wie meine Freundin Carola, die jedes Mal, bevor die Putzfrau kommt, »erst ein wenig Ordnung schafft, damit es nicht so schlimm aussieht …« Denken Sie immer wieder daran: Ihr Ziel ist die Entlastung!

Delegieren heißt die Arbeit wirklich weiterleiten – Sie sollten sich damit nicht mehr belasten!

Isa (s. S. 49), die erkannt hat, dass sie noch einige Zeit braucht, um sich auch innerlich von ihrem Vater abzugrenzen, entscheidet sich für eine kurzzeitige Notlösung: Sie nimmt eine Hilfe für ihren eigenen Haushalt. Damit ist sie einen Teil des Stresses los. Die Kosten für die Hilfe erscheinen ihr vergleichsweise gering, gewinnt sie damit doch mehr freie Zeit, fühlt sich rundum besser.

Irma (s. S. 18) hingegen ist nicht bereit, den ganzen Haushalt alleine zu machen. Ihre »NO-MORE-Liste« sieht wie folgt aus: Johns Wäsche bügeln, Kleidung zur Reinigung bringen/abholen, alles, was mit dem Auto zu tun hat (Pflege, Kundendienst, TÜV), Frühstückstisch aufräumen.

Männer würden sich – so liest man des Öftern – im Haushalt engagieren, wären die Arbeiten anspruchsvoller. Aber warum soll Frau auch noch im Haushalt die »niedrigen« Arbeiten übernehmen und der Mann, als Krone der Schöpfung, auch hier den besseren Part erhalten? Legen Sie deshalb genau fest, wer was macht. So vermeiden Sie auch nutzlose Diskussionen zum Thema »Ich dachte, du machst das.«

Strategie »Delegieren«

Klären Sie in einem ruhigen Gespräch, was Ihr Mann (die Kinder, Tanten, Eltern) übernehmen kann. Fixieren Sie solche Vereinbarungen schriftlich. Damit vermeiden Sie kräftezehrende Streitereien. Einige Menschen haben nämlich das Geschick, sich durch Überstunden, Arbeitsessen etc. aus der Affäre zu ziehen. Hat Ihr Mann zugesagt, bestimmte Arbeiten zu übernehmen, dann müssen Sie darauf bestehen. Sprechen Sie ihn in aller Ruhe an, zeigen Sie ihm die Abmachung. Appellieren Sie an seine Zuverlässigkeit. Dasselbe gilt für Arbeiten, die künftig Ihre Kinder übernehmen sollen. Ihr Plan sollte folgende Punkte umfassen:

- 1. Wer übernimmt welche der Tätigkeiten, die bisher Sie erledigt haben?
- 2. Wie oft (täglich, wöchentlich), wechselweise mit wem? etc.)

Hängen Sie diesen Plan auf, sodass jeder jederzeit nachsehen kann, welche Aufgaben er übernommen hat. So kann sich keiner rausreden. Was können Sie anders machen, was können Sie abgeben, was können Sie ganz loslassen? Schauen Sie sich die Resultate der Fragebogen an und dann erstellen Sie einen detaillierten Plan. Ohne exakte Absprache läuft nichts. Gehen Sie bloß nicht davon aus, dass jedes Familienmitglied freiwillig das tut, was gerade anfällt. Sie werden nach drei Tagen Ihre Wohnung nicht mehr betreten können, wenn Sie darauf vertrauen!

Auch Eltern dürfen an Ihrem Arbeitsentlastungsprogramm mitwirken. Klagt Ihr Vater nicht immer darüber, dass das Leben seit der Pensionierung langweilig sei, sitzt er nicht ein wenig zu oft in der Kneipe? Bitten Sie ihn um Unterstützung. Vielleicht kann er die Kinder von der Schule abholen, den Hund ausführen, die Steuererklärung machen? An wen auch immer Sie Arbeiten delegieren, bestehen Sie auf Einhaltung der Vereinbarung. No excuses!

Organisieren Sie Ihr Leben!

Organisation ist das halbe Leben. Deshalb investieren Sie ruhig etwas Zeit in eine gute Organisation, damit Sie die andere Hälfte des Lebens besser genießen können. Organisieren beinhaltet auch Vorausdenken: Hätte Ursula (s. S. 12) eine Tagesmutter für den Notfall, könnte Sie sich den Stress sparen. Auch Renate (s. S. 13) hätte mehr vom Leben und vom Feierabend, würde sie Einkäufe nicht in letzter Minute abwickeln, sondern bereits am Vortag erledigen. Alternative: Einer kocht, der andere kauft ein!

Machen Sie ein Brainstorming: Nehmen Sie ein Blatt Papier und schreiben Sie oben in die Mitte ORGANISATION. Dann lassen Sie Ihre Gedanken frei, schreiben Sie auf, was Ihnen alles einfällt. Sie können dieses Spiel auch mit den Kindern, mit Ihrer Freundin, Ihrem Mann machen. Notieren Sie die verrücktesten Gedanken. Gehen Sie Ihre Situation einmal aus einer anderen Richtung an. Sehen Sie Ihr Leben mit den Augen der Nachbarin, der Lehrerin Ihres Sohnes, Ihres Mannes, der Verkäuferin im Supermarkt. Machen Sie ein Gedanken-Spiel. Wenn Ihr Einfallsreichtum nachlässt, können Sie sich an die Arbeit machen. Prüfen Sie all Ihre Ideen, werden Sie fündig.

Strategie »Organisation«

Was können Sie anders, besser machen? Welche Arbeiten können Sie sich mit anderen »Betroffenen« teilen?

1. Kinder zur Schule bringen/von der Schule abholen
2. Schulaufgabenbetreuung
3. Lebensmitteleinkäufe/Flaschen-/Papierentsorgung
4. Babysitten
5. Autofahrten zur Arbeitsstätte/zu außerhalb gelegenen Einkaufszentren

Welche Arbeiten können Sie im Haushalt besser organisieren?

- Beispiel Kinder:
  Wie wäre es, sich einmal mit der Frage »au-pair« zu befassen, eine Tagesmutter fest einzusetzen? Prüfen Sie das mit Ihrem Liebsten und anhand Ihres Budgets.
- Beispiel Wäsche:
  Wäsche in getrennte Behälter/Beutel geben. Wenn jeder im Haushalt seine Wäsche gleich in den entsprechenden Beutel legt, entfällt das Aussortieren. Hat eine der Kinder die Wäsche übernommen, vermeiden Sie, dass Wäsche falsch gewaschen wird.
- Beispiel Wege sparen:
  Einkaufen, Post, Schuster etc. kombinieren. Arzttermine ebenfalls kombinieren bzw. so legen, dass sie mit anderen Erledigungen verbunden werden können.
- Beispiel Kochen/Einkaufen:
  Größere Mengen kochen und einen Teil einfrieren. Großeinkauf von Standardlebensmitteln.
  Was fällt Ihnen dazu noch ein? Ergänzen Sie diese Liste.

Nehmen Sie andere in die Pflicht. Und scheuen Sie sich nicht, um Hilfe zu bitten, wenn Sie sie brauchen. Vielleicht merkt gar niemand, dass Sie so überlastet sind. Jeder sieht nur, was er sehen will. Erwarten Sie nicht, dass Sie von selbst Hilfsangebote erhalten. Hoffen Sie nicht auf eine Änderung. TUN SIE ETWAS!

Gesund sein und bleiben

Das ist sicherlich das Wichtigste, denn ohne Gesundheit geht gar nichts mehr. Ich will hier nicht auf Themen wie »gesunde Ernährung« etc. eingehen, sondern Ihr Bewusstsein dafür schärfen, dass Gesundheit auch von innen kommt.

Strategie »Gesundheit«

- **Freuen Sie sich!**

Sorgen Sie für viele Gelegenheiten, die Ihnen Freude machen. Hören Sie schöne Musik, pflegen Sie sich, gehen Sie spazieren, laden Sie Freunde ein, gehen Sie ab und zu ganz toll zum Essen … Es ist äußerst wichtig, dass Sie sich Zeit für sich nehmen. Denken Sie nicht, diese Zeit ist jetzt verloren, weil Arbeiten liegen bleiben. Diese Zeit ist eine Investition in Ihre Energie, in Ihre Gesundheit.

- **Sprechen Sie häufiger mit Freundinnen**

Weinen Sie sich bei ihnen aus, reden Sie über Ihre Probleme, aber lachen Sie auch zusammen, tun Sie etwas, was Ihnen Spaß macht.

- **Stellen Sie sich der Angst!**

Geben Sie der Angst nicht die Macht, sich in Ihrem Leben auszubreiten. Stoppen Sie die kleinen Ängste. Stellen Sie sich ihnen. Angst vor Dunkelheit ändert nichts daran, dass es jeden Tag dunkel wird. Schalten Sie aber jeden Tag das Licht einige Minuten später ein, lernen Sie, dass Ihnen in der Dunkelheit nichts geschieht. So wächst das Vertrauen zu sich selbst, der Boden für Angst schwindet.

- **Treiben Sie Sport: Bewegung macht glücklich**

Melden Sie sich im Tennisclub an, gehen Sie schwimmen, Rad fahren, joggen – alles hervorragende Möglichkeiten, Stress und Anspannung abzubauen und Körper und Seele zu regenerieren.

- **Lassen Sie den Frust raus**

Leider haben nur wenige die Möglichkeit, Frust und Aggression durch Holzhacken abzubauen. Finden Sie Ihr persönliches Anti-Frust-Mittel: Praktizieren Sie einmal den Urschrei oder betreiben Sie Aggressionsabbau durch Teppichklopfen. Ansonsten nehmen Sie ein Handtuch und schlagen mit voller Kraft auf eine Matratze oder Ähnliches ein. Mit jedem Schlag wird Ihnen leichter ums Herz.

- **Beruhigen Sie sich**

Praktizieren Sie Yoga, Meditation, Visualisierung, Autogenes Training oder üben Sie andere Entspannungsmethoden aus.

- **Ändern Sie Ihre Denk-Software**

Versuchen Sie, positiv zu denken.

- **Verwöhnen Sie sich mit Aromatherapie**

Entspannen Sie sich in einem Bad mit Rosmarin, Lavendel, Honig oder Neroli.

- **Lösen Sie Blockaden durch Bachblüten**

Diese Therapie hat der englische Arzt Dr. Edward Bach entwickelt. Er fand heraus, dass bestimmte Blütenessenzen positive Auswirkungen auf unsere Stimmung haben. Wenn Sie mehr darüber wissen wollen: Es gibt Kurse bei der VHS oder reichlich Literatur zu dieser Thematik. Welche Blüte kann Ihnen momentan helfen? (Achtung: Alkohol!)

Hornbeam bei mentaler Erschöpfung; *Elm,* wenn Sie glauben, eine Aufgabe nicht mehr bewältigen zu können; *Centaury,* wenn Sie sich leicht ausnutzen lassen, schlecht Nein sagen können; *Olive,* wenn Sie sich völlig erschöpft fühlen; *Pine* bei Schuldgefühlen und Selbstvorwürfen; *White Chestnut,* wenn sich Ihre Gedanken im Kreis drehen; *Willow,* wenn Sie sich als Opfer des Schicksals sehen. Bachblüten können Sie in der Apotheke mischen lassen. Nehmen Sie nicht mehr als fünf verschiedene Blütenessenzen. Geben Sie 3- bis 5-mal täglich fünf Tropfen direkt auf die Zunge.

- **Es muss nicht immer Chemie sein**

In der Homöopathie gibt es viele Mittel, die Ihnen helfen können, ruhiger zu werden, wieder zu sich zu finden, Ihre Nervosität zu reduzieren. Suchen Sie sich einen homöopathischen Arzt, der gemeinsam mit Ihnen das für Sie passende Medikament herausfinden wird.

- **Kontrolle ist besser**

Überprüfen Sie Ihren »Drogen«-Konsum. Stellen Sie fest, ob Sie wirklich Kontrolle, beispielsweise über Ihren Alkohol-

oder Ihren Tablettenkonsum haben. Entscheiden Sie wirklich immer bewusst, ob, wann und wie viel Sie zu sich nehmen? Machen Sie mindestens einen alkoholfreien Tag in der Woche oder nehmen Sie sich vor, sechs Wochen lang keinen Alkohol zu trinken. Seien Sie standhaft, lassen Sie sich nicht durch Gelegenheiten (Partys, Einladungen etc.) »verführen«. Sie fühlen sich gut, wenn Sie die Erfahrung machen, dass Sie es können, wenn Sie wollen.

Nobody is perfect

Und das brauchen Sie auch nicht zu sein. Trennen Sie sich von überzogenen Ansprüchen, die Sie an sich stellen, machen Sie sich frei von dieser Last. Sie brauchen keine perfekte Mutter zu sein – Ihre Kinder haben viel mehr von einer gut gelaunten, ausgeglichenen Mutter. Sie brauchen keine perfekte Ehefrau zu sein (ist Ihr Mann perfekt?), keinen perfekten Haushalt zu haben. Perfektion kann sogar regelrecht abschreckend sein. Wer fühlt sich schon richtig wohl in einem perfekt gestylten Haus? Wichtig ist die Qualität – nicht die Quantität. Stehen Sie dazu und denken Sie daran, dass begrenzte Zeit, bewusst genutzt, viel mehr bringt als unbegrenzte Zeit, die vertrödelt wird.

Haben Sie Freude an allem, was Sie tun, befassen Sie sich mit den schönen Dingen, denken Sie konstruktiv, legen Sie ab, was Ihnen zu viel ist, und gestehen Sie sich Schwächen und Fehler zu, denn: Nobody is perfect! Sagen Sie Ja zu sich und entscheiden Sie sich dafür: JETZT DENKE ICH AUCH MAL AN MICH!

Aus der Praxis

»Software«-Änderung durch Autosuggestion

Dazu brauchen Sie kein Spezialist zu sein, der an der Uni studiert hat. Was immer Sie erreichen möchten, formulieren Sie in positiver Weise: Sie möchten Ihr inneres Programm von »negativ« auf »positiv« umstellen, dann stellen Sie sich einige prägnante Sätze zusammen – möglichst auf Ihre persönliche Situation zugeschnitten. Sprechen Sie nun jeden Tag Ihre Sätze so oft wie möglich und laut und deutlich aus. Auf diese Weise können Sie Ihr Unterbewusstsein neu programmieren. Beispiele: »Es geht mir von Tag zu Tag immer besser und besser«; »Ich lebe mein Leben nach meinen Vorstellungen«; »Ich kann, was ich will«; »Ich bin o.k.«

Renate (s. S. 13) will beispielsweise lernen, sich besser gegen die Anforderungen abzugrenzen, ihre Formel lautet:

»Ich bin sicher und frei. Ich erledige meine Arbeit mit Freude, setze meine eigenen Prioritäten, an die ich mich immer erinnere und die ich realisiere. Meine Vorstellung vom Leben nehme ich ernst. Freundlich und bestimmt kann ich mich abgrenzen.«

Diese Worte prägen sich in Renates Unterbewusstsein und beeinflussen ihr Denken und Handeln. Wenn Werner dann wieder einmal Unterlagen zu Hause vergessen hat, kann Renate leicht sagen: »Ich kann jetzt leider nicht«, denn Ihr inneres Programm ist umgestellt.

So wird Werner eine andere Lösung finden müssen – die nächste Maschine, seine Mutter, Termin verschieben.

Unsere überlastete Janin (s. S. 13) – immer in action – muss als Erstes lernen abzuschalten, zur Ruhe zu finden und sich nicht von anderen einspannen zu lassen. Ihre Formel heißt:

»Meine Gedanken sind unwichtig, sie kommen und gehen, sie stören mich nicht. Ich lasse sie einfach vorüberziehen. Ich finde mehr und mehr zu innerer Ruhe. Ich fühle mich wohl und tanke Kraft. Über meine Zeiteinteilung bestimme ich selbst. Es fällt mir leicht, meine Ansprüche anderen mitzuteilen. Meine Bedürfnisse nehme ich wichtig.«

»Ich trenne mich von überlieferten Vorstellungen. Was ich tue, mache ich von ganzem Herzen, und ich stehe zu meinem Handeln. Ich bestimme mein Leben selbst und fühle mich wohl dabei.«

Ähnliches gilt für Jill (s. S. 16), die sich immer wieder ausnutzen und für die Zwecke anderer benutzen lässt: »Meine Zeit ist mir sehr wichtig. Ich teile sie nach meinen Vorstellungen ein, meine Pläne führe ich konsequent durch.«

Marthas Selbstwertgefühl muss dringend aufgebaut werden mit: »Ich habe viele Fähigkeiten und Stärken, auf die ich stolz bin. Meine Mitmenschen schätzen und lieben mich, weil ich eine liebenswerte, warmherzige Frau bin. Ich bin mir selbst wichtig. Alles was ich gebe, kommt zu mir zurück.«

Achtung: Verwenden Sie diesen letzten Satz nur, wenn Sie wirklich Positives denken und geben!

Für Isa & Co. gilt: »Ich lebe mein Leben nach meinen Vorstellungen.« Schuldgefühle und schlechtes Gewissen sind dabei passé: »Ich lasse alles los, was mich belastet. Meine Rechte nehme ich wahr und fühle mich wohl. Ich verzeihe mir und allen anderen Menschen.« Oder: »Ich trenne mich von überlieferten Vorstellungen. Was ich tue, mache ich aus ganzem Herzen und ich stehe hinter meinem Handeln. Ich bestimme mein Leben selbst und fühle mich wohl dabei.«

Zur Stärkung des Selbstbewusstseins hilft:

»Ich bin eine einzigartige, liebenswerte Frau. Ich habe viele Stärken und Talente. Ich werde geliebt und geachtet. Ich gehe mit Zuversicht in jede Situation. Ich habe Freude am Leben, meine positive Ausstrahlung bewirkt positive Veränderungen in meinem Umfeld. Ich liebe mich.«

Wie lautet Ihre Programm-Änderungsformel?
Schreiben Sie sie auf, lernen Sie sie auswendig.

Sie können selbstverständlich »Ihr« Thema vertiefen, den Text verlängern. Nehmen Sie immer positive Begriffe und Formulierungen, also ohne »kein«, »nicht«. Am besten verwenden Sie auch immer dieselben Sätze, das prägt sich besser ein. Arbeiten Sie mit diesen Sätzen etwa zwei Monate, dann können Sie sich dem nächsten Thema widmen.

Meditation

In fast allen Religionen wird Meditation praktiziert. Meditation ist ein Zustand tiefster Entspannung, innerer Ruhe und Stille – für westliche Hektiker nicht ganz einfach herbeizuführen. Der meditative Zustand kann durch verschiedene Methoden erreicht werden, beispielsweise durch Konzentration auf einen einzigen Punkt (auf eine Kerze, auf die eigene Nasenspitze oder auf eine bestimmte, immer wiederkehrende Silbe). Wenn Sie in diese Thematik richtig einsteigen wollen, dann sollten Sie die für Sie richtige Meditationsmethode in einem Seminar lernen, beispielsweise auch bei der VHS.

In einen Zustand der Tiefenentspannung können Sie auch durch Kassetten und CDs kommen. Achten Sie dabei aber auf die Stimme des/der Sprecher/in. Eine Stimme, die Ihnen nicht gefällt, kann nicht in Ihr Unterbewusstsein dringen, weil Sie sie ablehnen.

Visualisierung

Eine schöne Methode, zur Ruhe zu finden, ist die Visualisierung, die bildhafte Vorstellung einer angenehmen Situation:

Ziehen Sie sich dafür an einen Platz zurück, an dem Sie nicht gestört werden. Vielleicht haben Sie es gern etwas dunkler oder Sie möchten Kerzenlicht. Schaffen Sie eine Atmosphäre, in der Sie sich richtig wohl fühlen. Legen Sie eine CD mit Entspannungsmusik ein. Machen Sie es sich bequem, setzen oder legen Sie sich hin. Nichts sollte Sie einengen. Ihr Wohlbefinden ist das Allerwichtigste in diesem Moment.

Träumen Sie von schönen Dingen, gleiten Sie in eine tiefe Entspannung und fühlen Sie sich so richtig wohl. So finden Sie zur Ruhe und tanken Kraft.

Schließen Sie die Augen und stellen Sie sich etwas vor, das für Sie der absolute Ausdruck von Entspannung ist. Das kann das Meer sein: Sie sehen, wie die Wellen kommen und gehen, hören das beruhigende Rauschen. Oder ein tropischer Regen: Das dumpfe Geprassel des Wassers auf das Dach, die angenehm warme Luft … Lassen Sie sich einfach in Entspannung fallen. Ihre Gedanken können Sie nicht stören, sie kommen und gehen. Sie lassen Ihr Bild auf sich wirken. Und spüren die beruhigende Wirkung. Vielleicht erinnern Sie sich an den letzten Urlaub, können fast den Sand unter Ihren Fußsohlen fühlen und das Salz auf Ihrer Haut schmecken. Sie bleiben bei Ihrem Bild – solange Sie sich wohl fühlen (und Sie die Zeit haben). Dann ziehen Sie sich gedanklich langsam zurück. Sie spüren, wie Sie ruhig geworden sind, wie Sie sich leicht fühlen. Und Sie wissen, Sie können jederzeit auf diese Weise Kraft tanken.

Ich wünsche Ihnen viel Freude, Energie und Gelassenheit, um Ihre Vorstellungen vom Leben zu realisieren. Alles ist möglich – wenn Sie es wollen!

Literaturverzeichnis

Beckett, Christine: I love you, but ..., Tandem Neuseeland, 1997.

Bundesministerium für Familie, Senioren, Frauen und Jugend: Frauen in der Bundesrepublik Deutschland, Bonn, März 1998.

Ehrhardt, Ute/Johnen, Wilhelm: Frauen steigen wieder ein, Fischer TB, Frankfurt/Main 1998.

Fensterheim, Herbert/Baer, Jean: Sag nicht Ja, wenn du Nein sagen willst, Goldmann Ratgeber, München 1990.

Field, Lynda: Mehr Selbstbewusstsein für Frauen, Midena Verlag, Augsburg 1998.

Frauenleben heute, Psychologie Heute TB, Weinheim/Basel 1990.

Grabrucker, Marianne: Karrieremütter – Superkids?, Fischer TB, Frankfurt/Main 1997.

Jansen, Margrit/Seibert, Ulrike: Kinder und Job, rororo, Hamburg 1997.

Pfeiffer, Vera: Positives Denken, Midena Verlag, Augsburg 1997.

Pfeiffer, Vera: Wie Sie lernen, »nein« zu sagen, Midena Verlag, Augsburg 1998.

Rupprecht-Stroell, Birgit/Kaminski, Marion: Fleißige Frauen arbeiten – kluge machen Karriere, Langen-Müller, München 1997.

Rupprecht-Stroell, Birgit/Kaminski, Marion: Top im Job, Verlag Gesundheit, Berlin 1999.

Scheffer, Mechthild: Selbsthilfe durch Bachblütentherapie, Heyne Verlag, München 1996.

Sprenger, Reinhard K.: Die Entscheidung liegt bei dir, Campus, Frankfurt/Main 1998.

Statistisches Bundesamt: Im Blickpunkt: Frauen in Deutschland, Metzler/Poeschler, Stuttgart 1998.

Süddeutsche Zeitung (Hrsg.): Frauen steigen wieder ein, München 1996.

Tannen, Deborah: Du kannst mich einfach nicht verstehen, Kabel Verlag, Hamburg 1991.

Zierau, Johanna/Bartmann, Marita: Recherche zur Vereinbarkeit von Berufsausbildung und früher Mutterschaft, (Hrsg.): Bundesministerium für Bildung, Wissenschaft, Forschung und Technologie, Bonn 1996.